絵でわかる 台湾語会話

趙怡華=著
陳豐惠=監修
たかおかおり=絵

◆ はじめに ◆

 逐家好(ダッケホー)！　みなさん、こんにちは。

　前作『はじめての台湾語』(明日香出版社)の出版から早5年が経ちました。この5年間、台湾にまつわるイメージは、おいしいお茶、台湾式マッサージ、夜市、パソコン部品、温泉という昔からあったイメージだけではなく、台湾の**偶像明星**（アイドル）勢の台頭に代表される、華やかで楽しい台流ブームが到来しました。

　近年、イケメンたちが演じる台湾ドラマの放送のおかげで、台湾で使用されている言葉に対する関心も日本において高まる一方のようで、実に喜ばしい現象です。できればこの台流ブームが一時的な現象にとどまるのではなく、もっと市民権を得て日本に定着してほしいものです。

　台湾人の生活や環境を理解したり、台湾で使用されている言葉に耳を慣らしたりするのに台湾ドラマを見るのは、実は一番手っ取り早いお薦めの方法です。台湾ドラマのなかで使われる言葉は、実際には、台湾華語（北京語）と台湾語が入り交じっています。そんな本当の台湾の姿を紹介したくて、本書では前作に引き続き、台湾語と台湾華語（北京語）を対照できる内容にしました。

　本書には、前作『はじめての台湾語』よりもさらに短めで実用的な日常生活会話や観光会話を取り入れました。また、より分かりやすい内容とするため、本書では、台湾語の基本発音や台湾語の特徴である変調に関して、詳しい説明を省略させていただきました。付属のCDを繰り返して聞いていただき、耳から自然に台湾語と台湾華語（北京語）の語感とリズムを覚えていただけたらと思います。

　なお、本書では「北京語」という表現を使用しておりますが、

これはあくまでも台湾で使われている「**華語**」(2005 年以前は「**國語**」という言い方をしていました)のことで、中国大陸で話されている北京語とは発音がやや違うところがあります。
　構想から３年余り、今回の『絵でわかる台湾語会話』には長年、台湾で台湾語教育に携わってきた陳豊恵(ダンホンフイ)先生のお力添えにより、前作になかった台湾語のローマ字表記を採用し、カタカナ表記だけでは表現できなかった、より正確な発音表記にすることができました。また、高雄かおり様の分かりやすいイラストにより、本書の内容がより分かりやすいものとなりました。なお、姉妹作の『台湾語のスラング表現』(明日香出版社)と合わせて読んでいただければ、より台湾社会の脈動を理解することができるでしょう。
　近年、台湾で使う繁体字を使った、いわゆる「華語 TOEFL(トーフル)」と言われている「華語文能力検定試験」がスタートし、毎年、秋頃に行われます。自分の華語レベルを知るのに受けてみてはいかがでしょうか。
　最後に、いつも台湾を応援してくださる読者のみなさまにも「多謝」(ドォシャー)です。ぜひ、本書で身につけた台湾語や台湾華語(北京語)を、台湾を訪ねた際に使ってみてください。
　きっとこれまで以上にみなさんと台湾との関係が深まることと思います。
　　加油(ガユー)!(頑張ってください)。

2008 年　吉日

　　　　　　　　　　　　　　　　趙 怡華(ザウ イーファー) (Yihua Chao)
　　　　　　　　　　　　　　　　y2327886@hotmail.com
　　　　　　　　　　　　　　　　http://www.iamyh.com/

◆ 目次 ◆

はじめに

本書の使い方

台湾語の発音

Part 1　日常会話編

出会いのあいさつ	18
お礼、おわび	19
訪問した時のあいさつ	20
別れのあいさつ	22
返事をする	24
肯定する、否定する	26
食事をする時 ①	28
食事をする時 ②	30
お酒を飲む時	32
お勘定する時	34
ほめる	36
驚く	38
考える	40
納得する	41
はげます、気にかける	42
太鼓判を押す	43
相手に話を聞いてもらう	44
聞き返す	45
確認する	46

思わず出るひとこと	47
感嘆詞など	48
擬音詞など	49
(知らない人に対する) 呼びかけ	50
肩書きの呼び方	52
台湾語的な相づち	54

Part 2　旅行会話編

両替する ①	58
両替する ②	60
乗り物に乗る	62
切符を買う	64
場所をたずねる	66
料理を注文する ①	68
料理を注文する ②	70
料理を注文する ③	72
料理を注文する ④	74
食器などを取り寄せる	76
料理の種類	78
好きな食べ物	80
調理方法	82
調味料	84
飲み物を注文する	86
お茶を飲む ①	88
お茶を飲む ②	90
お茶を飲む ③	92

デザート・果物 ①	94
デザート・果物 ②	96
時 ①	98
時 ②	100
数字	102
トラブル・困り事 ①	104
トラブル・困り事 ②	106
病気の時	108
緊急事態	110
洋服を買う	112
オーダーメイドをする	114
試着する	116
寸法を直す	118
マッサージ ①	120
マッサージ ②	122
マッサージ ③	124
漢方薬	126
占い ① 運勢を聞く	128
占い ② 恋愛について聞く	130
占い ③ 恋の行方を聞く	132
占い ④ 相手のことを聞く（1）	134
占い ⑤ 相手のことを聞く（2）	136
干支	138
生き物	140
★台湾の有名な民謡「天烏烏」	142

Part 3　文法編

人称代名詞	148
指示代名詞	152
場所代名詞	156
肯定文 ①	160
肯定文 ②	162
疑問 ①	164
疑問 ②	166
存在 ①	168
存在 ②	170
～に住んでいる	172
否定文 ①	174
否定文 ②	176
過去形	178
経験	180
程度	182
願望・意欲	184
能力	186
許可	188
好き	190
嫌い	192
～するのが得意	194
～しなくてもいい	196
～しなくてはならない	198

〜してみる	200
比較形 ①	202
比較形 ②	204
禁止	206
命令	208
現在進行形	210
〜をください	212
受け身	214
使役形	216
〜しながら	218
ますます	220
一番〜	222
〜と	224
いずれも〜	226
全部の〜	228
あまり〜ない	230
〜すぎる	232
疑問	234
適当に〜	236
＜付録＞	238

カバー・本文イラスト　　たかおかおり

◆ 本書の使い方 ◆

■ ローマ字発音表について

　みなさんもご存じのように、漢字は表意文字です。

　しかし、台湾語の語彙の中には、対応する漢字を持たない語彙もあります。

　ですから、すべての台湾語を表意文字である漢字で表記することが難しいのです。

　台湾語の発音表記については、現段階(2006年7月)では、台湾でもまだ明確に統一がなされていません。

　台湾では現在、台湾語の発音表記について、おおむね

(1) 対応する漢字がない部分については、ほかの漢字を当て字として使用して全部漢字で表記する方法、

(2) 対応する漢字がない部分については注音符号を利用して漢字と併用表記する方法、

(3) 全部をローマ字のみで表記する方法、

(4) 対応する漢字がない部分については、ローマ字を利用して漢字と併用表記する方法があります。

　全部漢字で表記する方法の場合、見たことのない漢字や、ぱっと見では読み方の分からない漢字が登場し、すらすら読めないというデメリットがありますが、反面、漢字を見慣れた人にとっては馴染みやすいというメリットもあります。

　注音符号と漢字を併用する方法の場合、台湾人にとっては見やすいのですが、注音符号の分からない外国人の方にはなかなか馴染みにくいようです。

　ローマ字表記は、外国人でも台湾人でも見やすいという意見が多いのですが、やはり漢字圏の人にとって、ローマ字だけで表記された文書を読むと疲れてしまいます。

このようなことから、ローマ字と漢字を併用して表記する方法が台湾ではもっとも主流のようです。
　本書でも、読者のみなさまに気軽に馴染んでいただけるよう、漢字とローマ字を併用して表記する方法を採用しました。
　たとえば本書では、
　(1)「Gâu 早 (おはようございます)」のように、ローマ字と漢字を併用して表記しているもの
　(2)「Bē-bái (悪くないね)」のように、漢字の当て字を使わずにローマ字のみで表記しているもの
　　があります。
　台湾語のローマ字表記と北京語のピンイン表記とでちょっと違うのは、台湾語のローマ字表記は、英語同様、センテンスの冒頭の文字を、大文字で表記することです。
　たとえば、「こんにちは」の
　　　Lí hó　　です。
　但し、北京語のピンイン表記でも、固有名詞の冒頭の文字は、大文字で表記します。
　（台湾語）日本 Jit-pún
　（北京語）日本 Rì běn

■ 基本会話の「〇〇」の読み方について
　(1)語尾に来る場合
　　　例えば、
　　　　我 beh **換**〇〇。
　　　は何も発音しません。

(2) センテンスの真ん中に来る場合
　① ○○が名詞の場合
　　　例えば、
　　　　有○○無?
　　ここの「○○」は「啥物」(siá^n mih)と発音します。
　　　なお北京語の場合は「什麼」(shén me) と発音します。
　② ○○が形容詞の場合
　　　例えば、
　　　　這項菜會○無?
　　ここの「○」は「按怎」(án-chóa^n)と発音します。
　　　北京語の場合は「怎様」(zěn yàng) と発音します。

■ カタカナの発音表記について

　本書で発音表記の補助として、カタカナを使用しております。これはあくまでも参考までのもので正確なものではありません。声調との関係もあるので、そのままカタカナで発音してもおそらく台湾人には通じることはないでしょう。

　北京語も台湾語も声調命なので、繰り返しますが、付属のＣＤを聞いて、耳で発音を覚えましょう。

　なお、台湾語の発音ですが、同じ台湾人でも出身の地域によって、多少発音や声調が違うところもあります。本書の付属のＣＤの発音は現在台湾の若者が一般的に話すものです。普通のスピードです。

◆台湾語の発音◆

母音

a	i	u	e	oˑ	o
ア	イ	ウ	エ	オ	オ

複合母音

ai	ia	iu	ui	io	im
アイ	ヤ	イウ	ウイ	イヨ	イム
un	in	oa	oe	ian	eng
ウン	イン	ウア	ウェ	エン	イン

　カタカナの発音表記はあくまでも参考までのものなので、実際の台湾語の発音を正確に表現していません。
　同じ「オ」と表現しても、「oˑ」は口を丸くした「オ」で、「o」は口を「エ」の形にして「オ」と発音する「オ」です。

子音

子音				雙唇	舌尖	軟顎
口腔子音	塞音	無声	無気	p	t	k
			有気	ph	th	kh
		有声		b	l	g
	塞擦音	無声	無気		ch	
			有気		chh	
		有声			j	
	擦音	無声			s	h
	軽敲声	有声			j	
鼻子音		有声		m	n	ng

声調

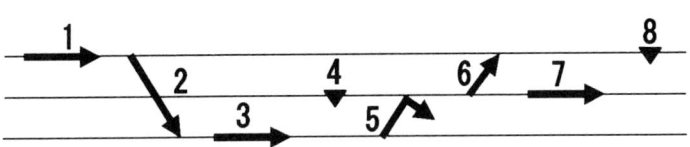

発音の例

1声　衫　sa^n　　（服）

2声　短　té　　（短い）

3声　褲　khò͘　　（ズボン）

4声　闊　khoah　（広い）

5声　人　lâng　　（人）

6声　矮　e　　（低い）　＊6声は単独では存在
　　　　　　　　　　　　しないことが多い

7声　鼻　phī^n　　（鼻）

8声　直　ti̍t　　（まっすぐ）

Part 1
日常会話編

出会いのあいさつ

台湾語 / 北京語

こんにちは		
你好 Lí hó リ ホー		你好 nǐ hǎo ニ ハウ

お元気ですか？	
你好無？ Lí hó- -bô リ ホー ボ	你好嗎？ nǐ hǎo mā ニ ハウ マ

ごはん食べましたか？		
食飽未？ Chiȧh-pá- -bōe ジャッ バー ブェ		吃飽了嗎？ chī bǎo le mā ツー バウ ラ マ

あなたは？		
你咧？ Lí- -leh リ レッ		你呢？ nǐ ne ニ ナ

まあまあです	
Bē-bái ベ バイ	還好 hái hǎo ハイ ハウ

おはようございます		
Gâu 早 Gâu-chá ガウ ザー		早 zǎo ザウ

| 台湾語 | お礼、おわび | 北京語 |

ありがとうございます

感謝
Kám-siā
ガム シャ

謝謝
xiè xiè
シェ シェ

どういたしまして

免細膩
Bián sè-jī
ベン セー ギー

不客氣
bú kè qì
ブ カー チ

ありがとう

Ló力
Ló-la̍t
ロ ラッ

謝啦
xiè la
シェ ラ

悪いね

歹勢啦
Pháiⁿ-sè--lah
パイン セー ラッ

不好意思
bù hǎo yì si
ブ ハウ イ ス

ごめんなさい

失禮啦
Sit-lé--lah
シッ レー ラッ

對不起
duì bù qǐ
ドェ ブ チ

いいえ

Bē
ベー

不會
bú huì
ブ フェ

訪問した時のあいさつ

訪ねる

台湾語　　　　　　　　　　　　　　　　　　　北京語

ごめんください	
有人在咧無？ Ū lâng tī- -leh-bô ウ ラン ディ レッ ボ	有人在家嗎？ yǒu rén zài jiā mā ヨー レン ザイ ジャ マ

お邪魔します	
攪擾你 Kiáu-jiáu--lí ギャウ ジャウ リ	打擾了 dǎ rǎo le ダ ラゥ ラ

お邪魔しました	
Kā 你 chak-chō a Kā　lí　chak-chō　--a ガ　リ　ザッ ゾォ　ア	叨擾你了 dāo rǎo nǐ le ダウ ラゥ ニ ラ

20

迎える

台湾語	北京語
いらっしゃい **來坐、來坐啦** Lâi chē　　lâi chē--lah ライ ゼェ　ライ ゼェ ラ	**請進、請進** qǐng jìn qǐng jìn チン ジン　チン ジン
入ってください **請入來坐** Chhiáⁿ jip-lâi chē チァン ジップ ライ ゼェ	**進來坐** jìn lái zuò ジン ライ ゾォ
お入りください **入來啦** Jip--lâi-lah ジップ ライ ラ	**進來啊** jìn lái a ジン ライ ア

21

別れのあいさつ

おいとまする

台湾語 / 北京語

あいとまします		
來走 Lâi cháu ライ ザウ		**告辭** gào cí ガウ ツー

もうそろそろ
我著愛來走 a　Góa tiòh-ài lâi cháu--a　グァ ティオッ アイ ライ ザウ ア
我該告辭了　wǒ gāi gào cí le　ウォ ガイ ガウ ツー ラ

もう帰ります
我 beh 來轉 a　Góa beh lâi tńg--a　グァ ベッ ライ テン ア
我要走了　wǒ yào zǒu le　ウォ ヤウ ゾォ ラ

さようなら		
再會 Chài-hōe ザイ フェ		**再見** zài jiàn ザイ ジェン

さようなら
免送啦　Bián sàng--lah　ベン サン ラッ
不用送了　bú yòng sòng le　ブ ヨン ソン ラ

見送る

台湾語 / 北京語

お気をつけてお帰りください

順行
Sūn-kiâⁿ
スンギャン

慢走
màn zǒu
マン ゾォ

また来てね

擱來坐啦
Koh lâi chē--lah
ゴッ ライ ゼ ラッ

再來哦
zài lái o
ザイ ライ オ

また遊びにおいで

有閒 chiah 擱來
Ū êng　chiah　koh lâi
ウ イン　ジャッ　ゴッ ライ

有空再來玩
yǒu kòng zài lái wán
ヨ コン ザイ ライ ワン

じゃあ、もうこの辺で

啊無，我就無送 a
Ah bô　　góa tō bô sàng--a
アッ ボ　　グァ ト ボ サン ア

那我不送了
nà wǒ bú sòng le
ナ ウォ ブ ソン ラ

返事をする

台湾語		北京語

そう

著
Tiòh
ティオッ

對
duì
ドェ

そう、そう、そう

著、著、著
Tiòh tiòh tiòh
ティオッ テイオッ テイオッ

對、對、對
duì　duì　duì
ドェ　ドェ　ドェ

いいよ

好啊
Hó--ā
ホー　ア

好啊
hǎo a
ハウ　ア

あっ、そうか

哦
O'h
オッ

哦
o
オ

そう？

按呢哦？
Án-ne--oh
アン　ネ　オッ

是嗎？
shì mā
ス　マ

うん

嗯
M̀
ン

嗯
n
ン

台湾語		北京語
違うよ		
M̄著 M̄-tióh ム ティオッ		不對 bú duì ブ ドェ
そんなことない		
無啦 Bô--lah ボ ラッ		沒有啦 méi yǒu la メイ ヨ ラ
よくない		
M̄好 M̄-hó ム ホー		不好 bù hǎo ブ ハウ
ほしくない		
無愛啦 Bô-ài--lah ボ アイ ラッ		不要啦 bú yào la ブ ヤウ ラ
いらない		
M̄免 M̄-bián ム ベン		不需要 bù xū yào ブ シュ ヤウ
必要ない		
免啦 Bián--lah ベン ラッ		不用啦 bú yòng la ブ ヨン ラ

肯定する、否定する

台湾語 / 北京語 (CD6)

日本語	台湾語	北京語
いいよ	好 Hó ホー	好 hǎo ハウ
はい	是 Sī シ	是 shì ス
そう	著 Tiȯh ティオッ	對 duì ドェ
ある	有 Ū ウ	有 yǒu ヨ
大丈夫	無問題 Bô būn-tê ボ ブン デー	沒問題 méi wèn tí メイウェンティ
〜してもいい	會使 Ē-sái エイ サイ	可以 kě yǐ カ イ

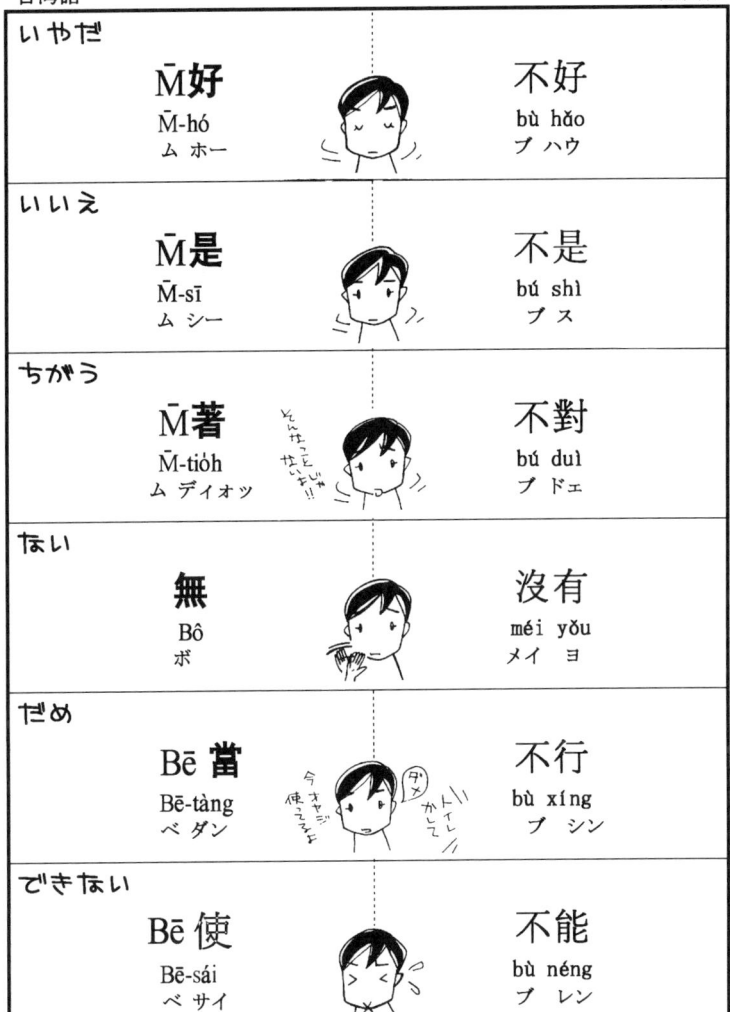

台湾語		北京語
いやだ	M̄好 M̄-hó ム ホー	不好 bù hǎo ブ ハウ
いいえ	M̄是 M̄-sī ム シー	不是 bú shì ブ ス
ちがう	M̄著 M̄-tióh ム ディオッ	不對 bú duì ブ ドェ
ない	無 Bô ボ	沒有 méi yǒu メイ ヨ
だめ	Bē當 Bē-tàng ベ ダン	不行 bù xíng ブ シン
できない	Bē使 Bē-sái ベ サイ	不能 bù néng ブ レン

食事をする時①

台湾語 / 北京語

お招きありがとうございます	
感謝你的款待 Kám-siā lí ê khóan-thāi ガム シャ リ エ クァン ダイ	謝謝你的招待 xiè xiè nǐ de zhāo dài シェ シェ ニ ダ ザウ ダイ

わあ、すっごく豪華！	
菜 chiah 腥臊！ Chhài chiah chheⁿ-chhau ツァイ ジャッ ツェン ツァウ	哇，這麼多菜！ wa zhè me duō cài ワ ゼ モ ドォ ツァイ

おいしい！	
Chiâⁿ好食 Chiâⁿ hó-chiah ジャン ホー ジャッ	真好吃 zhēn hǎo chī ゼン ハウ ツー

おなかいっぱい	
飽 tu-tu Pá-tu-tu バー ドゥ ドゥ	好飽 hǎo bǎo ハウ バウ

もう食べられない	
食 bē 落 a Chiảh bē lỏh--a ジャッ ベー ロッア	吃不下去了 chī bú xià qù le ツーブ シャ チュィ ラ

何でも食べられます	
我啥物攏 mā 敢食 Góa siáⁿ-mih lóng mā káⁿ chiah グァ シャ ミッ ロン マ ガン ジャッ	我什麼都敢吃 wǒ shén me dōu gǎn chī ウォ セン モ ドォ ガン ツー

台湾語	北京語
たくさん召し上がって **加食寡** Ke chiȧh--kóa ゲー ジャッ グァ 	**多吃點** duō chī diǎn ドォ ツー ディェン
さあ **來、來、來** Lâi　Lâi　Lâi ライ　ライ　ライ 	**來、來、來** lái　lái　lái ライ　ライ　ライ
遠慮しないで **家己來** Ka-kī　lâi ガー ギ ライ	**不要客氣** bú yào kè qì ブ ヤウ カ チ
お粗末ですが **便菜飯** niâ Piān-chhài-pn̄g niâ ベン ツァイ ペン ニャ	**沒什麼好菜啦** méi shén me hǎo cài la メイ セン モ ハウ ツァイ ラ
おなかいっぱい食べてね **愛食** hō **飽哦** Ài chiȧh hō pá ô-ơ アイ ジャッ ホ バオ	**要吃飽哦** yào chī bǎo o ヤウ ツー バウ オ
これ食べられます？ Che **敢食無？** Che　káⁿ chiȧh--bô ゼー　ガン ジャッ ボ  鳥足	**這個敢不敢吃？** zhè ge gǎn bù gǎn chī ゼ ガ ガン ブ ガン ツー

食事をする時②

台湾語 / 北京語

おかわり

擱來一碗
Koh lâi--chit-óaⁿ
ゴッ ライ ジッ ウァン

再來一碗
zài lái yì wǎn
ザイ ライ イ ワン

これ、食べられない

我m̄敢食 che
Góa m̄-káⁿ chiáh che
グァ ム ガン ジャッ ゼー

我不敢吃這個
wǒ bù gǎn chī zhè ge
ウォ ブ ガン ツー ゼ ガ

これ、大好物

我上愛食 che
Góa siōng ài chiáh che
グァ ション アイ ジャッ ゼー

我最喜歡吃這個
wǒ zuì xǐ huān chī zhè ge
ウォ ズェ シーファン ツー ゼ ガ

料理作るのがうまいね

你真 gâu 料理
Lí chin gâu liāu-lí
リ ジン ガウ リャウ リー

你真會做菜
nǐ zhēn huì zuò cài
ニ ゼン フェ ゾォ ツァイ

これは何という料理？

Che 是啥麼菜？
Che sī siáⁿ-mih chhài
ゼー シ シャ ミッ ツァイ

這是什麼菜？
zhè shì shén me cài
ゼ ス センモ ツァイ

台湾語	北京語
これ、体にいいよ **Che 對身體 chiâⁿ好** Che tùi sin-thé chiâⁿ hó ゼー ドゥィ シン テー ジャン ホー	這個對身體很好 zhè ge duì shēn tǐ hěn hǎo ゼ ガ ドェ セン ティ ヘン ハウ
日本にもこれある？ **恁日本敢有 che？** Lín Jit-pún kám ū che リン ジップン ガム ウ ゼー	你們日本有這個嗎？ nǐ men Rì běn yǒu zhè ge mā ニ メン ズー ベン ヨ ゼ ガ マ
おいしければもっと召し上がれ **好食就加食寡** Hó-chiảh tō ke chiảh --kóa ホー ジャット グ ジャッ グァ	好吃就多吃一點 hǎo chī jiù duō chī yì diǎn ハウ ツー ジョー ドォ ツー イ ディェン
これはここの名産だよ **Che 是 chia 的名産** Che sī chia ê bêng-sán ゼー シ ジャ エ ベン サン	這是這裏的名産 zhè shì zhè lǐ de míng chǎn ゼ ス ゼー リー ダ ミン ツァン
これはこの店の看板料理だよ **Che 是這間店的手路菜** Che sī chit-keng tiàm ê chhiú-lō-chhài ゼーシジッグンディァムエチュロツァイ	這是這間店的招牌菜 zhè shì zhè jiān diàn de míng cài ゼス ゼ ジェンディェンダ ザウパイツァイ

お酒を飲む時

台湾語 / 北京語

(みなさんに)乾杯	
我敬大家 Góa kèng tāi-ke グァ ギン ダ ゲ	我敬大家 wǒ jìng dà jiā ウォ ジン ダー ジャ

みんな、ありがとう	
感謝大家 Kám-siā tāi-ke ガム シャ ダ ゲ	謝謝大家 xiè xiè dà jiā シェ シェ ダー ジャ

ほどほどに飲みます	
我隨意 Góa sûi-ì グァ スイ イ	我隨意 wǒ suí yì ウォ スェ イ

酔っぱらっちゃった	
我醉 a Góa chùi--a グァ ズィ ア	我醉了 wǒ zuì le ウォ ズェ ラ

酔ってないよ	
我無醉 Góa bô chùi グァ ボ ズィ	我沒醉啊 wǒ méi zuì a ウォ メイ ズェ ア

もうだめ	
我無法 a Góa bô-hoat--a グァ ボ ファ ア	我不行了 wǒ bù xíng le ウォ ブ シン ラ

台湾語	北京語
飲もう！	
飲啦  Lim --lah リム ラッ	喝啊 hē a ハー ア
さあ、(あなたに)乾杯！	
來, 我敬你 Lâi góa kèng--lí ライ グァ ギン リ	來, 我敬你 lái wǒ jìng nǐ ライ ウォ ジン ニ
さあ、二人で乾杯しよう	
來, 乾啦 Lâi kan--lah ライ ガン ラッ	來, 我跟你乾 lái wǒ gēn nǐ gān ライ ウォ ゲン ニ ガン
飲み干そう	
Hō 乾啦  Hō ta--lah ホ ダ ラッ	乾啦 gān la ガン ラ
飲み干せ	
愛乾ô-o͘  Ài ta ô-o͘ アイ ダ オ	要喝乾 yào hē gān ヤウ ハー ガン
もっと飲めよ	
擱飲、擱飲 Koh lim koh lim ゴッリム ゴッリム	再喝, 再喝 zài hē zài hē ザイ ハー ザイ ハー

お勘定する時

台湾語 / 北京語

ワリカンにしよう

咱各人出各人的啦
Lán kok-lâng chhut kok-lâng--ê lah
ラン ゴッ ラン ツゥッ ゴッ ラン エ ラッ

我們各付各的吧
wǒ men gè fù gè de ba
ウォ メン ガー フ ガー ダ バ

おごってもらうわけにはいかない

Bē-sái hō 你請
Bē-sái hō lí chhiáⁿ
ベ サイ ホ リ チァン

不能讓你請
bù néng ràng nǐ qǐng
ブ レン ラン ニ チン

じゃ、今度私がおごります

按呢後擺我請
Án-ne āu-pái góa chhiáⁿ
アン ネ アウ バイ グァ チァン

那下次我請
nà xià cì wǒ qǐng
ナー シャ ツ ウォ チン

(ご馳走になって)申し訳ない

實在 chiok 歹勢 neh
Sit-chāi chiok pháiⁿ-sè neh
シッ ザイ ツォッ パイン セ ネッ

太不好意思了
tài bù hǎo yì si le
タイ ブ ハウ イー ス ラ

台湾語　　　　　　　　　　　　　　　　　　　　　　　北京語

ご馳走するよ

我請你
Góa chhiá--lí
グァ　チァン　リ

我請你
wǒ qǐng nǐ
ウォ　チン　ニ

私が払います

錢, 我來納
Chîⁿ góa lâi la̍p
ジィン　グァ　ライ　ラップ

錢, 我來付
qián wǒ lái fù
チェン　ウォ　ライ　フ

今日はおごらせて

今仔日我請
Kin-á-ji̍t góa chhiáⁿ
ギ ナ ジッ グァ チァン

今天我請
jīn tiān wǒ qǐng
ジン　ティェン　ウォ　チン

今度ご馳走になるから

後擺你請
Āu pái lí chhiáⁿ
アウ　バイ　リ　チァン

下次你請
xià cì nǐ qǐng
シャツ　ニ　チン

払わせて

M̄-thang kap 我爭
M̄-thang kap góa cheⁿ
ム　タン　ガッ　グァ　ゼーン

不要跟我搶
bú yào gēn wǒ qiǎng
ブ　ヤウ　ゲン　ウォ　チァン

ほめる

台湾語 / 北京語

いいね

Chiâⁿ 好
Chiâⁿ hó
ジャン ホー

很好
hěn hǎo
ヘン ハウ

すばらしい

讚啦
Chán--lah
ザン ラッ

很棒
hěn bàng
ヘン バン

すごい

Chiok 厲害
Chiok lī-hāi
ゾッ リ ハイ

好厲害
hěn lì hài
ハウ リー ハイ

悪くないね

Bē-bái
ベイ バイ

不錯
bú cuò
ブ ツォ

格好いい

Súi 啦
Súi--lah
スイ ラッ

太帥了
tài shuài le
タイ ファイ ラ

台湾語	北京語

たいしたもんだ

Itchibang
イチバン

一級棒
yì jí bàng
イ ジー バン

ただもんじゃない

無簡單
Bô kán-tan
ボ ガン ダン

不簡單
bù jiǎn dān
ブ ジェン ダン

天才だ

你有影天才 neh
Lí ū-iáⁿ thian-châi neh
リ ウ ヤン テン ザイ ネッ

你真是天才
nǐ zhēn shì tiān cái
ニ ゼン ス ティェン ツァイ

どうやってやったの!?

你 nah 有法度按呢!?
Lí nah ū hoat-tō͘ án-ne
リ ナッ ウ ファッド アン ネ

你怎麼做到的!?
nǐ zěn me zuò dào de
ニ ゼン モ ズォ ダウ ダ

驚く

台湾語 / 北京語 (CD12)

まさか！

敢會按呢！？
Kám ē án-ne
ガム エ アンネ

不會吧！
bú huì ba
ブ フェ バ

絶対無理！

無可能！
Bô khó-lêng
ボ コ リン

不可能！
bù kě néng
ブ カ レン

うそだろう！

你騙人！
Lí phiàn--lâng
リ ペン ラン

你騙人！
nǐ piàn rén
ニ ピェン レン

ちょっとオーバーだよ！

Siuⁿ hàm a 啦！
Siuⁿ hàm--a-lah
シウン ハム ア ラッ

太誇張了啦！
tài kuā zhāng le ba
タイ クァ ザン ラ バ

信じられない！

我 m̄ 信！
Góa m̄ sìn
グァ ム シン

我不相信！
wǒ bù xiāng xìn
ウォ ブ シャン シン

| 台湾語 | 北京語 |

うっそ!

Nah 會按呢!
Nah ē án-ne
ナイ エ アンネ

天呀!
tiān ya
ティエン ヤ

なんてこと!

母啊喂!
Bú--ah-òe
ブ アッ ウェ

媽呀!
mā ya
マ ヤー

なんてこと!

阿娘喂
A-niâ--ôe
ア ニャ ウェ

我的媽呀
wǒ de mā ya
ウォ ダ マ ヤー

どういうこと!?

Chit-má 是發生啥物代誌!
Chit-má sī hoat-seng siáⁿ-mih tāi-chì!?
ジッマシファッシンシャミッダイジ

這是怎麼一回事!
zhè shì zěn me yì huí shì
ゼ ス ゼン モイ フェ スー

冗談だろう!

你 teh 講笑 ho͘ʰⁿ
Lí teh kóng-chhiò ho͘ʰⁿ
リ テッ コン チョー ホンッ

你在開玩笑吧!
nǐ zài kāi wán xiào ba
ニ ザイ カイ ワン シャウ バ

考える

台湾語 / 北京語 / CD13

日本語	台湾語	北京語
ええと...	Che... / Che / ゼー	這... / zhè / ゼー
これはね...	Che 嘛... / Che--mà / ゼー マー	這個嘛... / zhè ge ma / ゼ ガ マー
あの...	按呢oh... / Án-ne--oh / アン ネ オッ	那... / nà / ナー
じゃあ〜	啊無... / Ah bô / アッ ボ	那不然... / nà bù rán / ナー ブ ラン
うん	嗯... / Ṁ / ム	嗯... / n / ン
う...	Èⁿ... / エン	唔... / wu / ウ

納得する

台湾語 / 北京語 (CD14)

あ〜
哦〜
Ô-ó
オォ

哦〜
o
オ

そうだよ
著啊
Tiȯh --ā
ディオッ アー

對呀
duì ya
ドェ ヤ

なるほど
就是按呢 o̍h
Tō-sī án-ne o̍h
ド シ アン ネ オッ

原來如此
yuán lái rú cǐ
ユェン ライ ルー ツ

わかった
我知 --a
Góa chai --a
グァ ザイ ア

我知道了
wǒ zhī dào le
ウォ ズー ダウ ラ

そういうことだったのか
是按呢 o̍h
Sī án-ne o̍h
シ アン ネ オッ

是這樣啊
shì zhè yàng a
ス ゼ ヤン ア

はげます、気にかける

台湾語		北京語
がんばって		
加油 Ka-iû ガ ユー		加油 jiā yóu ジャ ヨ
お大事に		
保重 Pó-tiōng ボ ティオン		保重 bǎo zhòng バウ ゾン
気をつけて		
愛細膩 Ài sè-jī アイ セージ		小心 xiǎo xīn シャウ シン
大丈夫？		
無按怎啦 ho·hⁿ？ Bô án-chóaⁿ--lah ho·hⁿ ボ アン ツゥアン ラッ ホンッ		沒事吧？ méi shì ba メイ ス バ
大丈夫？		
有按怎無？ Ū án-chóaⁿ--bô ウ アン ツゥアン ボンッ		你還好吧？ nǐ hái hǎo ba ニ ハイ ハウ バ
平気？		
你有要緊無？ Lí ū iàu-kín--bô リ ウ ヤウ ギン ボ		你不要緊吧？ nǐ bú yào jǐn ba ニ ブ ヤウ ジン バ

太鼓判を押す

台湾語 | 北京語

CD16

大丈夫だよ

穩的啦
Ún--ê-lah
ウン エ ラッ

沒問題啦
méi wén tí la
メイ ウェン ティラ

バッチリ

妥當 a
Thò-tòng--a
トー ドン ア

妥當了
tuǒ dàng le
トォ ダン ラ

安心しなよ

安啦
An--lah
アンラッ

心配いりません

放心啦
fàng xīn la
ファン シン ラ

間違いない

無m̄著啦
Bô m̄-tiȯh--lah
ボ ム ディオッ ラッ

沒錯的啦
méi cuò de la
メイ ツォ ダ ラ

台湾語 **相手に話を聞いてもらう** 北京語 CD17

聞いて

你聽我講
Lí thiaⁿ góa kóng
リー ティアン グァ ゴン

ビッグニュース!!

你聽我説
nǐ tīng wǒ shuō
ニ ティン ウォ スォ

ねえ、ねえ(聞いて)

你聽看覓
Lí thiaⁿ khòaⁿ-māi
リー ティアン クァン マイ

你聽啊
nǐ tīng a
ニ ティン ア

あのう...

Hit-lō...
ヒッロー

我説...
wǒ shuō
ウォ スォ

あのう

我看 hoh'ⁿ...
Góa khòaⁿ hoh'ⁿ
グァ クァン ホンッ

我看...
wǒ kàn
ウォ カン

あのう

我想 hoh'ⁿ...
Góa siūⁿ hoh'ⁿ
グァ シウン ホンッ

我想...
wǒ xiǎng
ウォ シャン

44

聞き返す

台湾語 / 北京語

そうなの?
按呢oh?
Án-ne oh
アン ネ オッ

是嗎?
shì mā
ス マ

マジっすか?
敢有影?
Kám ū-iáⁿ
ガム ウ ヤン

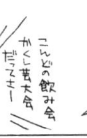

真的嗎?
zhēn de mā
ゼン ダ マ

そう?
敢有?
Kám ū
ガム ウ

有嗎?
yǒu mā
ヨ マ

マジで?
你敢確定?
Lí kám khak-tēng
リ ガム カッ テン

你確定?
nǐ què dìng
ニ チュエ ディン

間違いない?
敢著?
Kám tiȯh
ガム ディオッ

沒錯?
méi cuò
メイ ツォ

こう?
敢按呢?
Kám án-ne
ガム アン ネ

是這樣嗎?
shì zhè yàng mā
ス ゼ ヤン マ

確認する

台湾語 / 北京語

なんだって？

你講啥？
Lí kóng siáⁿ
リ ゴン シャン

你説什麼？
nǐ shuō shén me
ニ スォ センモ

なに？

啥物？
Siáⁿ mih
シャ ミーッ

什麼？
shén me
センモ

（聞いて）わからない

我聽無啦
Góa thiaⁿ bô--lah
グァ ティアン ボ ラッ

我聽不懂
wǒ tīng bù dǒng
ウォ ティン ブ ドン

もう一度言ってください

你擱講一擺
Lí koh kóng--chit-pái
リ ゴッ ゴン ジッ パイ

你再説一遍
nǐ zài shuō yí biàn
ニ ザイ ソォ イ ビェン

書いてください

寫 hō 我看 heh
Siá hō góa khòaⁿ heh
シャ ホ グァ クァン ヘッ

寫給我看
xiě gěi wǒ kàn
シェ ゲイ ウォ カン

ゆっくり言ってください

講較慢 leh 啦
Kóng khah bān--leh lah
コン カッ バン レッ ラ

講慢點啦
jiǎng màn diǎn la
ジャン マン ディェン ラ

思わず出るひとこと

台湾語 / 北京語

日本語	台湾語	北京語
ったく	我咧 / Góa leh / グァ レッ	 真是的 / zhēn shì de / ゼン ス ダ
やばい	害a / Hāi--a / ハイ ア	 完蛋了 / wán dàn le / ワン ダン ラ
しまった	去a / Khì--a / キー ア	 死定了 / sǐ dìng le / ス ディン ラ
やべえ	惨a / Chhám--a / ツァウムア	 糟糕 / zāo gāo / ザウ ガウ
あきらめなさい	食較bái咧 / Chiàh khah bái--leh / ジャッ カッ バイ レッ	別想了 / bié xiǎng le / ビェ シャン ラ
100年早いよ	Chiaⁿ拚咧 / Chiaⁿ piàⁿ--leh / ジャン ビャン レッ	早得很咧 / zǎo de hěn lie / ザウ ダ ヘン レ

| 台湾語 | 感嘆詞など | 北京語 |

わぁ (驚く時)

哇
Oah
ウァッ

哇
wa
ワ

あっと

哎喲
Aih-ioh
アイヨッ

哎喲
ài you
アイ ヨ

あっと

哎呀
Aih-iah
アイッヤッ

哎呀
ài you
アイヤ

ふん (さげすむ時)

呸
Phúi
プイ

呸
pèi
ペイ

あれ？

咦？
Ê-e
エー

咦？
yí
イー

擬音詞など

CD22

台湾語		北京語
はあ〜		
唉 Aih アイッ		唉 ai アイ
うう(泣く時)		
嗚嗚 M m ム ム		嗚嗚 wu wu ウ ウ
ゴホッ		
咳 Khehⁿ ケンッ		咳 ké カ
はっくしょん		
哈啾 Hah-chhiuhⁿ ハッ チュウ		哈啾 hā qiù ハ チュウ
ふんだ		
哼 Hngh フン		哼 hèng ヘン

(知らない人に対する) 呼びかけ

台湾語 / 北京語

日本語	台湾語	北京語
～さん（男性一般）	～先生 Sian-si^n センシン	～先生 xiān shēng シェンセン
～さん（女性一般）	～小姐 Sió-chiá ショジャ	～小姐 xiǎo jiě シャウジェ
伯父さん	阿伯 A-peh アベッ	伯伯 běi bēi ベイベイ
伯母さん	阿姆 A-ḿ アム	伯母 bó mǔ ボーム
叔父さん	阿叔 A-chek アジッ	叔叔 shǔ shu スゥスゥ
叔母さん	阿姨 A-î アイー	阿姨 ā yí アーイ

台湾語	北京語

ボクちゃん

弟弟	弟弟
Ti-ti	dɪ dī
ディ ディ	ディ ディ

おじょうちゃん

妹妹	妹妹
Me-me	měi mēi
メ メ	メイ メイ

おじさん、おばさん
(性別を問わず年輩の方に対する呼称)

阿桑	阿桑
A-sáng	*a-sáng*
ア サン	ア サン

おじさん

歐吉桑	歐吉桑
O'jisang	*O'jisang*
オ ジ サン	オ ジ サン

おばさん

歐巴桑	歐巴桑
O'basang	*O'basang*
オ バ サン	オ バ サン

ちょっと

Sió 等咧	等一下
Sió tán--leh	děng yí xià
ショ ダン レ	デン イ シャー

| 台湾語 | # 肩書きの呼び方 | 北京語 |

陳さん（男性）

陳先生
Tân--sian-siⁿ
ダン セン シン

陳先生
chén xiān shēng
チェン シェン セン

林さん（女性）

林小姐
Lîm sió-chiá
リム ショー ジャ

林小姐
lín xiǎo jiě
リン シャウ ジェ

社長さん

董事長
Táng-sū-tiúⁿ
ダン スゥ デュン

董事長
dǒng shì zhǎng
ドン スー ザン

李マネージャー

李經理
Lí keng-lí
リー ギン リー

李經理
lǐ jīng lǐ
リ ジン リ

王主任

王主任
Ông chú-jīm
オン ズゥ ジム

王主任
wáng zhǔ rèn
ワン ズゥ レン

張課長

張科長
Tiuⁿ kho-tiúⁿ
デュン コー デュン

張科長
zhāng kē zhǎng
ザン カー ザン

台湾語 北京語

マスター(男性)
頭家
Thâu-ke
タウ ゲー

老板
lǎo bǎn
ラウ バン

おかみさん
頭家娘
Thâu-ke-niû
タウ ゲー ニュ

老板娘
lǎo bǎn niáng
ラウ バン ニャン

運転手さん
運將
Ùn-chiàng
ウン ジャン

司機先生
sī jī xiān shēng
スー ジ シェン セン

郵便屋さん
送批的
Sàng-phoe--ê
サン プェ エ

郵差先生
yóu chāi xiān shēng
ヨー ツァイ シェン セン

工場長
廠長
Chhiúⁿ-tiúⁿ
チュン デュン

廠長
chǎng zhǎng
ツァン ザン

社長
社長
Siā-tiúⁿ
シャ デュン

社長
shè zhǎng
サー ザン

台湾語的な相づち

台湾語/北京語　CD25

1 電話の向こうで頷きながら相づちを打つ時

うん
Hehⁿ
ヘン

是
shì
ス

うん、うん、うん
Hehⁿ, hehⁿ, hehⁿ...
ヘン　ヘン　ヘン

是, 是, 是...
shì shì shì
ス　ス　ス

2 使う相手に「そうでしょう?」と同意を求める時

でしょ?
Hoʻhⁿ
ホン

是吧?
shì ba
ス バ

でしょ?
Án-ne hoʻhⁿ?　是吧?
アン ネ ホンッ　shì ba
　　　　　　　　ス バ

3 相手の言うことが信じられなくて思わず「はあ?」と聞き返す時

はーあ?
Hâⁿ-áⁿ?
ハアンア

什麼?
shén me
セン モ

はーあ?
Hâⁿ-áⁿ?　什麼?
ハアンア　shén me
　　　　　センモ

台湾語/北京語

4 ぼ〜っとしてた時に話しかけられて、「ん?」とはっとした時	ん? **Hâⁿ** ハアン 啊 a ア	ん? Hâⁿ ハアン 啊 a ア
5 自信を持って相手に言い伝えたい時	あのね **Hòⁿ-òⁿ** ホーン 哎哟 ài you アイヨウ	あのね、そんなことないって Hòⁿ-òⁿ, kā lí kóng bē --lah. ホォン ガ リ ゴン ベー ラッ 哎哟,跟你説不會啦! ài you gēn nǐ shuō bú huì la アイヨウ ゲン ニ スォ ブー フェ ラ
6 相手に聞いてほしい時に語尾としてよく使われる	(語尾) **Hōⁿ** ホン 哦 o オ	ねえ、聞いて Kā lí kóng--hōⁿ..., ガ リ ゴン ホン 我跟你説哦..., wǒ gēn nǐ shuō o ウォ ゲン ニ スォ オ

TAIWAN

Part 2
旅行会話編

台湾語

両替する①

両替したいのですが

我想 beh 換錢

Góa siūⁿ　beh　ōaⁿ chîⁿ
グァ シゥン　ベッ　ウァン ジィン

日本円から台湾ドルへ

用日票換台票

Ēng　jit-phiò　ōaⁿ　tâi-phiò
ヨン　ジッ ピョ　ウァン ダイ ピョ

小錢もまぜてください

摻銀角仔的

Chham gîn-kak　-á -ê
ツァム ギン ガッ ア エー

1元	5元	10元
1 箍	**5 箍**	**10 箍**
Chi̍t-kho͘	Gō-kho͘	Cha̍p-kho͘
ジッ コ	ゴ コ	ザップ コ

50元	100元	500元
50 箍	**100 箍**	**500 箍**
Gō-cha̍p kho͘	Chi̍t-pah kho͘	Gō-pah kho͘
ゴ ザップ コ	ジッ バッ コ	ゴ バッ コ

1000元
1000 箍
Chi̍t-chheng kho͘
ジッ チン ゴ

我要換錢
wǒ yào huàn qián
ウォ ヤウ ファン チェン

用日幣換台幣
yòng rì bì huàn tái bì
ヨン ズー ビー ファン タイ ビー

攙點零錢
chān diǎn líng qián
ツァン ディエン リン チェン

1 塊
yí kuài
イー クァイ

5 塊
wǔ kuài
ウー クァイ

10 塊
shí kuài
スー クァイ

50 塊
wǔ shí kuài
ウー スー クァイ

100 塊
yì bǎi kuài
イー バイ クァイ

500 塊
wǔ bǎi kuài
ウー バイ クァイ

1000 塊
yì qiān kuài
イー チェン クァイ

両替する②

台湾語

○○を両替したいのですが

我 beh 換○○
Góa beh ōaⁿ
グァ ベッ ウァン

日本円
日票
Ji̍t-phiò
ジッピョ

台湾ドル
台票
Tâi-phiò
タイ ピョ

韓国ウォン
韓國錢
Hân-kok-chîⁿ
ハン ゴッ ジィン

カナダドル
加拿大錢
Ka-ná-tāi-chîⁿ
ガ ナ ダ ジィン

香港ドル
香港錢
Hiang-káng-chîⁿ
ヒョン ガン ジィン

人民元
人民票
Jîn-bîn-phiò
ジン ビン ピョ

イギリスポンド
英鎊
Eng-pōng
イン ポン

ユーロ
歐元
Au-gôan
アウ グァン

米ドル
美金
Bí-kim
ビ ギム

タイバーツ
泰國錢
Thài-kok-chîⁿ
タイ ゴッ ジィン

シンガポールドル
新加坡錢
Sin-ka-pho-chîⁿ
シン ガ ポ ジィン

北京語

我要換〇〇
wǒ yào huàn
ウォ ヤウ ファン

日幣	台幣	韓幣
rì bì	tái bì	hán bì
ズービー	タイビー	ハンビー

加幣	港幣	人民幣
jiā bì	gǎng bì	rén mín bì
ジャビー	ガンビー	レン ミン ビー

英鎊	歐元	美金
yīng bàng	ōu yuán	měi jīn
イン バン	オウ ユェン	メイ ジン

泰銖	新加坡幣
tài zhū	xīn jiā pō bì
タイ ズゥ	シン ジャ ポ ビー

台湾語 **乗り物に乗る** CD28

○○に乗ります
我 beh 坐○○
óa　beh　chē
グァ　ベッ　ゼー

飛行機	汽車	船
飛龍機	**火車**	**船**
hui-lêng-ki	hóe-chhia	chûn
フィ レン ギ	フェ チャー	ズゥン

MRT
電車
tiān-chhia
ディェン チャー

バスはあとどのぐらいで来ますか？
公車擱愛偌久 chiah 會來？
Kong-chhia koh　ài　lōa　kú　chiah　　ē　lâi
ゴン チャー ゴッ アイ ルァ クー ジャッ　　エ ライ

すぐ	もうちょっと待って
Liam-mi	**擱等一下**
リャム ミー	Koh tán--chit-ē
	ゴッ ダン ジッ レ

北京語

我要搭〇〇
wǒ yào dā
ウォ ヤウ ダ

飛機
fēi jī
フェイ ジ

火車
huǒ chē
フォ ツェ

船
chuán
ツゥァン

捷運
jié yùn
ジェ ユン

市内めぐり

公車還要多久才來?
Gōng chē hái yào duō jiǔ cái lái
ゴン チェー ハイ ヤウ ドオ ジョー ツァイ ライ

馬上
mǎ shàng
マー サン

再等一下
zài děng yí xià
ザイ デン イー シャー

台湾語

切符を買う

(CD29)

〇〇までの切符一枚ください

到〇〇，一張票

Kàu
ガウ

chit-tiuⁿ phiò
ジッ デュン ピョ

桃園
Thô-hn̂g
トー フン

台北
Tâi-pak
ダイ バッ

新竹
Sin-tek
シン デッ

苗栗
Biâu-le̍k
ビャウ レッ

宜蘭
Gî-lân
ギ ラン

台中
Tâi-tiong
ダイ ディオン

彰化
Chiong-hòa
ジョン ファ

南投
Lâm-tâu
ナム ダウ

花蓮
Hoa-lian
ファ レン

雲林
Hûn-lîm
フン リム

嘉義
Ka-gī
ガ ギ

台東
Tâi-tang
ダイ ダン

台南
Tâi-lâm
ダイ ラム

高雄
Ko-hiông
ゴー ヒョン

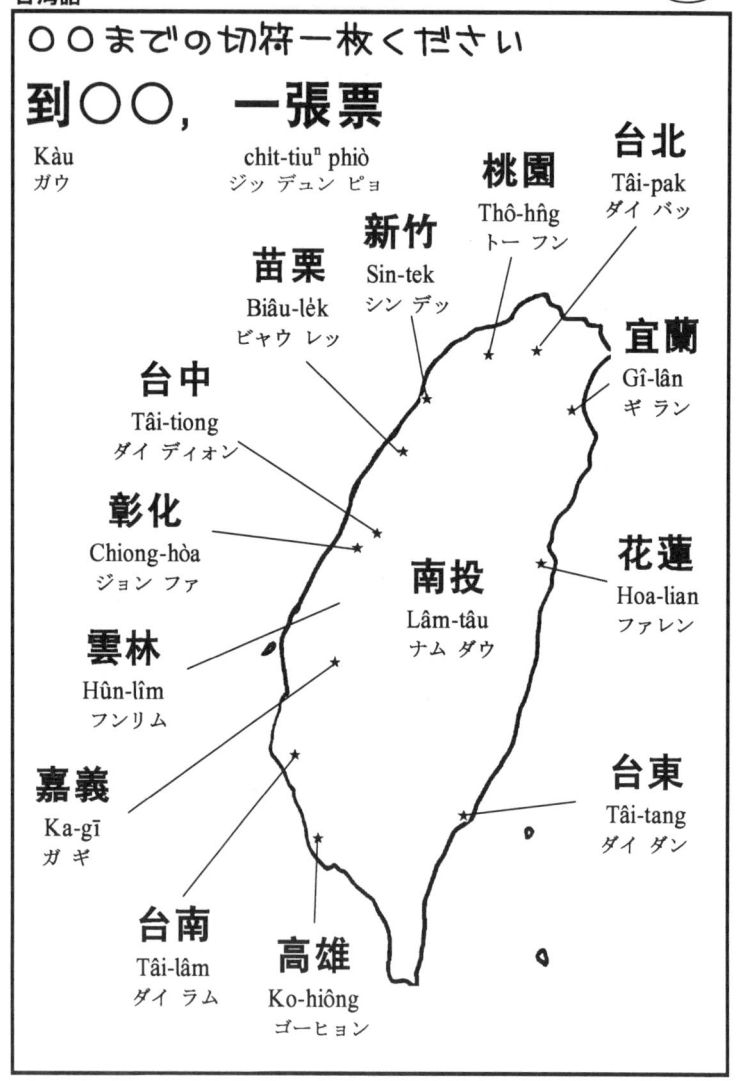

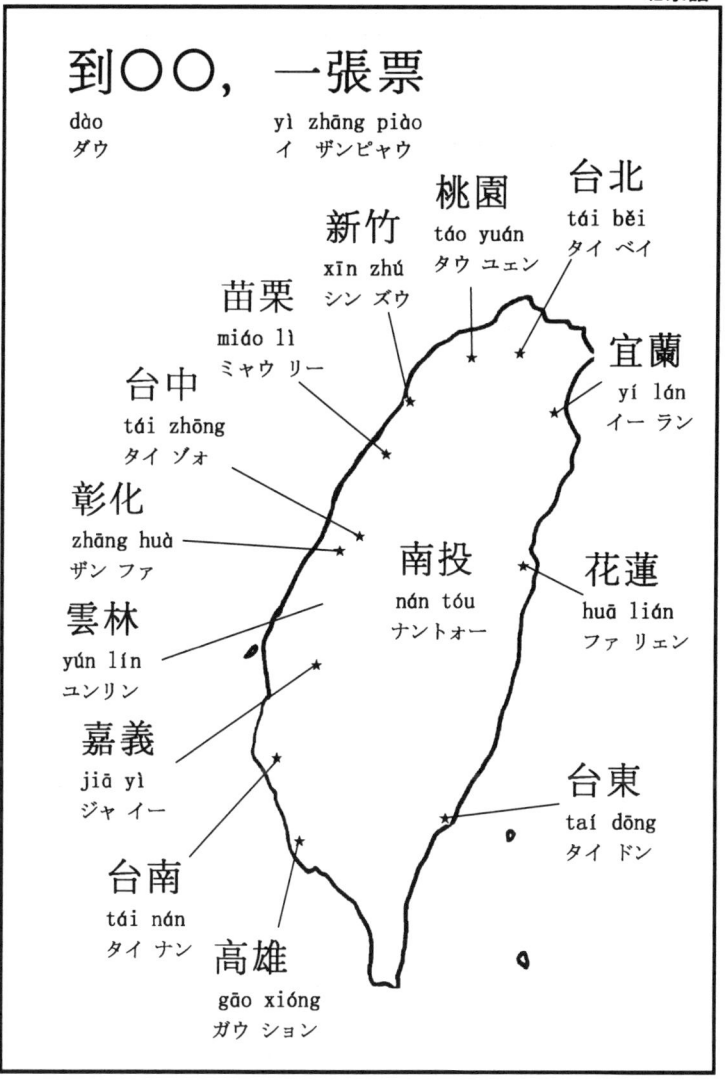

北京語

到〇〇，一張票
dào　　　　yì zhāng piào
ダウ　　　　イ　ザンピャウ

台北
tái běi
タイ ベイ

桃園
táo yuán
タウ ユェン

新竹
xīn zhú
シン ズウ

苗栗
miáo lì
ミャウ リー

宜蘭
yí lán
イー ラン

台中
tái zhōng
タイ ゾォ

彰化
zhāng huà
ザン ファ

南投
nán tóu
ナントォー

花蓮
huā lián
ファ リェン

雲林
yún lín
ユンリン

嘉義
jiā yì
ジャ イー

台東
tái dōng
タイ ドン

台南
tái nán
タイ ナン

高雄
gāo xióng
ガウ ション

台湾語 # 場所をたずねる (CD30)

○○はどこですか？

○○在 toh?

tī　　toh
ディ　ドォッ

両替所	郵便局	電話
換錢的所在	**郵局**	**公用電話**
Ōa^n chî^n ê só-chāi	Iû-kiók	Kong-iōng tiān-ōe
ウァン ジィン エ ソーザイ	ユー ギョッ	ゴン ヨン ディエンウェ

トイレ	案内所	夜市
便所	**服務台**	**夜市仔**
Piān-só͘	Hók-bū-tâi	Iā-chhī-á
ベン ソォー	ホッブ ダイ	ヤー チー ア

タクシー乗リ場	リムジンバス
計程仔站	**機場公車站**
Kè-thêng-á chām	Ki-tiû^n kong-chhia chām
ケー テン ア ザム	ギー ディゥン ゴン チャー ザム

駅	MRT乗リ場
火車頭	**電車站**
Hóe-chhia-thâu	Tiān-chhia chām
フェ チャー タウ	ディエン チャー ザム

どこでチケットを買えますか？

票在 toh 買?

Phiò　tī　toh　　bé
ピョ　ディ　ドッ　　ベー

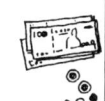

北京語

○○在哪裡?
zài nǎ lǐ
ザイ ナー リ

兌幣處 duì bì chù ドェ ビー ツゥ	郵局 yóu jú ヨー ジュイ	電話 diàn huà ディェン ファ
廁所 cè suǒ ツァ スォ	服務處 fú wù chù フー ウー ツゥ	夜市 yè shì イェー スー

計程車站 jì chéng chē zhàn ジ ツェン チェー ザァン	機場巴士站 jī chǎng bā shì zhàn ジー チャン バー スー ザァン
火車站 huǒ chē zhàn フォ チェー ザァン	捷運站 jié yùn zhàn ジェー ユン ザァン

在哪裡買票?
zài nǎ lǐ mǎi piào
ザイ ナー リ マイ ピャウ

67

料理を注文する①

台湾語

○○ありますか？

有○○無？
Ū　　　--bô
ウ　　　ボ

○○一人前ください

來一份○○
Lâi chit-hūn
ライ ジッ フン

そぼろご飯	臭豆腐	牛肉メン
滷肉飯	**臭豆腐**	**牛肉麵**
ló-bah pn̄g	chhàu-tāu-hū	gû-bah mī
ロー バッ ペン	ツァウ ダウ フー	グー バッ ミー

担仔メン	かきのお好み焼き	肉入り蒸しもち
担仔麵	**蚵仔煎**	**肉圓**
tàⁿ-á mī	ô-á-chian	bah-ôan
ダン ア ミー	オ ア ジェン	バッ ワン

大根もち	チマキ	ビーフン
菜頭粿	**肉 粽**	**米粉炒**
chhài-thâu-kóe	bah-chàng	bí-hún-chhá
ツァイ タウ クェ	バー ザン	ビー フン ツァ

北京語

有○○嗎?
yǒu　　mā
ヨ　　　マ

給我一份○○
gěi wǒ yí fèn
ゲイ ウォ イ フェン

嚕肉飯	臭豆腐	牛肉麵
lǔ ròu fàn	chòu dòu fǔ	niú ròu miàn
ルー ロー ファン	ツォ ドー フ	ニョー ロー ミェン

煮込み豚肉のせ

担仔麵	蚵仔煎	肉圓
dàn zǎi miàn	o a jian	ròu yuán
ダン ザイ ミェン	オ ア ジェン	ロー ユェン

蘿蔔糕	粽子	炒米粉
luó bo gāo	zòng zi	chǎo mǐ fěn
ルォ ボー ガウ	ゾン ズ	ツァウ ミー フェン

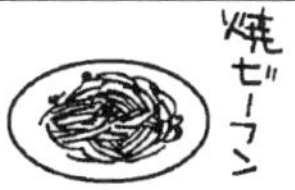

料理を注文する②

台湾語

○○（一人前）ください

Hō 我○○
Hō góa
ホー グァ

> 「當歸排骨」「薑母鴨」「鼎邊趖」は「一份」（一人前）を使うが、「青草茶」は「一杯」（いっぱい）、「肉羹」は「一碗」（いっぱい）、「蚵仔煎」は「一盤」（一皿）を使うように、量詞が変るので気をつけてください。

当帰スペアリブスープ
一份當歸排骨
chit-hūn tong-kui pâi-kut
ジッフンドングイバイクッ

生姜鴨なべ
一份薑母鴨
chit-hūn kiu^n-bó ah
ジッフンギォンボーアッ

もち入り五目スープ
一份鼎邊趖
chit-hūn tiá^n-pi^n-sô
ジッフンディァンピンソー

薬草茶一杯
一杯青草茶
chit-poe chhe^n-chháu tê
ジッ プェ ツェン ツァウ デ

チャーハン一皿
一盤炒飯
chit-pôa^n chhá-pn̄g
ジッ パン ツァ ペン

**カキ入りお好み焼き
一人前**
一盤蚵仔煎
chit pôa^n ô-á-chian
ジッ パン オ ア ジェン

**肉のつみれトロスープ
一人前**
一碗肉羹
chit-óa^n bah-ke^n
ジッ ワン バッ ゲン

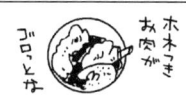

北京語

給我○○
gěi wǒ
ゲイ ウォ

1人前

一杯 一盤 一碗

一份當歸排骨
yí fèn dāng guī pái gǔ
イ フェン ダン グェ パイ グ

ホネつき お肉が ゴロッとな

一份薑母鴨
yí fèn jiāng mǔ yā
イ フェン ジャン ムー ヤ

一份鼎邊趖
yí fèn jǐng biān cuò
イ フェン ディン ビェン ツォ

一杯青草茶
yì bēi qīng cǎo chá
イ ベイ チン ツァウ ツァ

一盤炒飯
yì pán chǎo fàn
イ パン ツァウ ファン

一盤蚵仔煎
yì pán o a chian
イ パン オ ア ジェン

台湾のカキは小ぶり

一碗肉羹
yì wǎn ròu gēng
イ ワン ロー ゲン

台湾語 **料理を注文する③** CD33

○○はできますか？

有○○的無？

Ū　　　　--ê -bô
ウ　　　　エ ボ

大盛り	小皿盛り	持ち帰り
大碗	**細盤**	**包轉去**
tōa-óaⁿ	sè-pôaⁿ	pau--tńg-khì
ドァ ウァン	セー プァン	バウ デーン キー

この料理は○○にいいの？

這項菜對○○chiâⁿ好

Chit-hāng chhài tùi　　　chiâⁿ　hó
ゼー ハン ツァイ ドゥイ　　ジャン　ホー

体	目	肝臓
身體	**目睭** 👁	**肝**
sin-thé	ba̍k-chiu	koaⁿ
シン テー	バッ ジュウ	グァン

胃	消化	気管
胃	**消化**	**肺管**
ūi	siau-hòa	hì-kńg
ウィ	シャウ ファ	ヒー グン

後をひく味ですね

食了會續嘴喔

Chia̍h liáu　ē　sòa -chhùi　oʰ
ジャッ リャウ エ スァ ツィ オ

（もっと食べたーい）

北京語

有〇〇的嗎?
yǒu　　　de mā
ヨ　　　　ダ マ

大碗	小盤	外帶
dà wǎn	xiǎo pán	wài dài
ダー ワン	シャウ パン	ワイ ダイ

這道菜對〇〇好?
zhè dào cài duì　　hǎo
ゼー ダウ ツァイ トィ　ハウ

身體	眼睛	肝臟
shēn tǐ	yǎn jīng	gān zàng
セン ティー	イェン ジン	カン ザン
胃	消化	氣管
wèi	xiāo huà	qì guǎn
ウェー	シャウ ファ	チー グァン

吃了會上癮哦
chī le huì shàng yǐn o
ツー ラ フェ サン イン オ

スバラシィ

台湾語 **料理を注文する④** CD34

○○の料理が食べたいです

我想欲食○○的菜
Góa siūⁿ beh chiảh　　ê chhài
グァ シウン ベッ ジャッ　エ ツァイ

滋養効果のある
有漢藥材
ū hàn-iȯh-châi
ウー ハン ヨー ザイ

鉄分補充
補血
pó-hoeh
ボー フェッ

精力をつける
強精補氣
kiông-cheng pó-khì
ギョン ジェン ボ キー

太らない
bē 大箍
bē tōa-kho
ベー ドァ コー

キレイになる
會變美
ē piàn súi
エ ベン スイ

整腸効果のある
幫助消化
pang-chō siau-hòa
バン ゾ シャウ ファ

北京語

我想吃〇〇的菜
wǒ xiǎng chī　　　　de cài
ウォ シャン ツー　　　ダ ツァイ

有補藥
yǒu bǔ yào
ヨ ブー ヤウ

補血
bǔ xuě
ブー シュエ

壯陽
zhuàng yáng
ズゥン ヤン

不會胖
bú huì pàng
ブ フェ パン

會變漂亮
huì biàn piào liàng
フェ ビェン ピャウ リャン

可以整腸
kě yǐ zhěng cháng
カー イ ゼン ツァン

台湾語 **食器などを取り寄せる** (CD35)

○○をください

有○○ 無?
Ū --bô
ウ ボ

メニュー	取り皿	レンゲ
菜單	盤仔	湯匙仔
chhài-toaⁿ	pôaⁿ-á	thng-sî-á
ツァイ ドゥァン	プァン ア	テン シ ア

この料理は○○?

這項菜會○無?
Chit-hāng chhài ē --bô
ジッ ハン ツァイ エ ボ

しょっぱい	すっぱい	辛い	脂っこい
鹹	酸	辣	油
kiâm	sng	hiam	iû
ギャム	スン	ヒャム	ユー

テイクアウトです

我 beh 包起來
Góa beh pau --khí -lâi
グァ ベッ バウ キ ライ

あれと同じものをください

Hō͘我一份 kap he 仝款的
Hō͘ góa chit-hūn kap he kāng -khóan--ê
ホー グァ ジッフン ガッ ヘ ガン クァン エ

北京語

請給我〇〇
qǐng gěi wǒ
チン ゲイ ウォ

菜單	小碟子	湯匙
cài dān	xiǎo dié zi	tāng chí
ツァイ ダン	シャウ ディェ ズ	タン ツー

這道菜〇嗎?
zhè dào cài　　mā
ゼ ダウ ツァイ　　マ

鹹	酸	辣	油膩
xián	suān	là	yóu nì
シェン	スヮン	ラー	ヨー ニー

我 要 外 帶
wǒ　yào　wài dài
ウォ ヤウ ワイ ダイ

給我一份跟那個一樣的
gěi wǒ yí fèn gēn nà ge yí yàng de
ゲイ ウォ イ フェン ゲン ナー ガ イー ヤン ダ

料理の種類

台湾語

何料理が食べたい？

你想 beh 食啥物？
Lí siūⁿ beh chiảh siáⁿ mih
リ シウン ベッ ジャッ シャン ミー

台湾料理	日本料理
台灣料理	**日本料理**
Tâi-ôan liāu-lí	Jit-pún liāu-lí
ダイ ワン リャウ リ	ジッ プン リャウ リ

洋食	ヤムチャ	四川料理
西餐	**飲茶**	**四川菜**
Se-chhan	Iām-chhâ	Sù-chhoan-chhài
セ ツァン	ヤム チャ	スウ ツゥアン ツァイ

○○が食べたいです

我想 beh 食○○
Góa siūⁿ beh chiảh
グァ シウン ベッ ジャッ

屋台	菜食料理	セルフサービスのレストラン
路邊擔仔	**素食**	**自助餐**
lõ-piⁿ-tàⁿ-á	sò-sit	chū-chõ-chhan
ロ ビン ダン ア	ソー シッ	ズウ ソ ツァン

間食	火なべ	食べ放題
四秀仔	**火鍋**	**食到飽的**
sì-siù-á	hóe-ko	chiảh-kàu-pá- -ê
シ シゥ ア	フェ ゴー	ジャッ ガウ バー エ

北京語

你想吃什麼菜?
nǐ xiǎng chī shén me cài
ニ シャン ツー セン モ ツァイ

台菜	日本料理
tái cài	Rì běn liào lǐ
タイ ツァイ	ズー ベン リャウ リー

西餐	飲茶	川菜
xī cān	yǐn chá	Chuān cài
シー ツァン	イン ツァ	ツゥァン ツァイ

我想吃〇〇
wǒ xiǎng chī
ウォ シャン ツー

路邊攤	素食	自助餐
lù biān tān	sù shí	zì zhù cān
ルー ビェン タン	スゥ スー	ズー ズゥ ツァン

零食	火鍋	吃到飽
líng shí	huǒ guō	chī dào bǎo
リン スー	フォ グォ	ツー ダゥ バウ

好きな食べ物

台湾語

○○を食べるのが好きです
我甲意食○○
Góa　kah　-ì　chiảh
グァ　ガー　イー　ジャッ

牛肉	豚肉	鶏肉
牛肉	**豬肉**	**雞肉**
gû-bah	ti-bah	ke-bah
グ バッ	ディ バッ	ゲ バッ

カニ	エビ	シーフード
蟳仔	**蝦仔**	**海産**
chîm-á	hê-á	hái-sán
ジム ア	ヘ ア	ハイ サン

○○を食べてみませんか？
Beh 試食○○無?
Beh　　chhì chiảh　　- -bô
ベッ　　チィ ジャッ　　ボ

ふたご火鍋
鴛鴦火鍋
oan-iu^n-hóe-ko
ウァン ユン フェ ゴ

パパイアミルク	蒸しもち	生春巻き
木瓜牛奶	**碗粿**	**潤餅**
bȯk-koe-gû-leng	óa^n-kóe	lūn-piá^n
ボッ グェ グ レン	ウァングェ	ルン ビャン

北京語

我喜歡吃〇〇
wǒ xǐ huān chī
ウォ シ ファン ツー

牛肉	豬肉	雞肉
niú ròu	zhū ròu	jī ròu
ニョ ロー	ズゥ ロー	ジー ロー

螃蟹	蝦子	海鮮
páng xiè	xiā zi	hǎi xiān
パン シェ	シャ ズ	ハイ シェン

要不要試試〇〇
yào bú yào shì shì
ヤウ ブ ヤウ スー スー

鴛鴦火鍋
yuān yāng huǒ guō
ユェン ヤン フォ グォ

木瓜牛奶	碗粿	潤餅
mù guā niú nǎi	wǎn guǐ	lùn bǐng
ムー グァ ニョ ナイ	ワングェ	ルン ビン

調理方法

台湾語

揚げる	いためる	煮込む
炸	炒	燉
chìⁿ	chhá	tīm
ジン	ツァー	ディム

直火焼き	煮る	ゆでる
烘	煮	煠
hang	chú	sȧh
ハン	ズゥ	サー

蒸す	醤油で味をつける	油で焼く
蒸	滷	煎
chhoe	ló͘	chian
ツウェ	ロー	ゼン

スモーク	蓋をして蒸す	漬ける
燻	Hip	醃
hun	ヒップ	sīⁿ
フン		シイン

おあいそ

算帳

sǹg-siàu
セン シャウ

マスター、お勘定

頭家, 偌儕

Thâu-ke　lōa-chē
タウ ゲー　ルァ ゼー

北京語

炸 zhà ザー	炒 chǎo ツァウ	燉 dùn ドゥン
烤 kǎo カウ	煮 zhǔ ズゥ	燙 tàng タン
蒸 zhēng ゼン	滷 lǔ ルー	煎 jiān ジェン
燻 xūn シュン	燜 mèn メン	醃 yān イェン

算帳

suàn zhàng
スワン ザン

老板, 買單

lǎo bǎn mǎi dān
ラウ バン マイ ダン

台湾語

調味料

CD39

○○をもっと入れてください

愛加較儕○○
Ài　　ka　　khah chē
アイ　ガ　　カッ　ゼ

砂糖 **糖** thn̂g テン	塩 **鹽** iâm ヤム	とうがらしソース **辣椒仔醬** hiam-kiu^n-á-chiù^n ヒャム ギィゥン ア ジュゥン
塩こしょう **胡椒鹽** hô-chio-iâm ホ ジョ ヤム	しょう油 **豆油** tāu-iû ダウ ユ	たまりじょう油 **豆油膏** tāu-iû-ko ダウ ユ ゴ
こしょう **胡椒** hô-chio ホ ジョ	マヨネーズ **白醋** pe̍h-chhò͘ ベーツォ	にんにくじょう油 **蒜茸豆油** sòan-jiông-tāu-iû スァン ジョン ダウ ユ
サテソース **沙茶** sa-te サ テ	お酢 **醋** chhò͘ ツォ	ドレッシング **沙拉醬** sa-la-chiù^n サ ラ ジュン

84

北京語

多加一點〇〇

duō jiā yì diǎn
ドォ ジャ イー ディエン

糖 táng タン	鹽巴 yán bā イェン バー	辣椒醬 là jiāo jiàng ラー ジャウ ジャン
胡椒鹽 hú jiāo yān フー ジャウ イェン	醬油 jiàng yóu ジャン ヨー	醬油膏 jiàng yóu gāo ジャン ヨー ガウ
胡椒 hú jiāo フー ジャウ	美奶滋 měi nǎi zī メイ ナイ ズー	大蒜醬油 dà suàn jiàng yóu ダー スァン ジャン ヨー
沙茶醬 shā chá jiàng サー ツァ ジャン	醋 cù ツゥ	沙拉醬 shā lā jiàng サ ラ ジャン

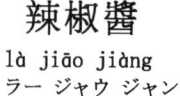

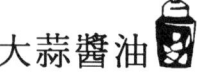

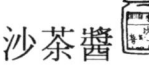

85

台湾語　**飲み物を注文する**　(CD40)

○○一本ください

來一罐○○
Lâi chit kòan
ライ ジッグァン

紹興酒	台湾ビール
紹興 siau-heng シャウ ヒン	**台灣啤酒** Tâi-ôan bì-lù ダイワンビール

○○一杯ください

我 beh 愛一杯○○
Góa　beh　ài　chit-poe
グァ　ベッ　アイ　ジッ プェ

コーラ	梅ジュース	豆乳
可樂 *kho lah* コーラ	**梅仔湯** m̂-á thng ム ア テン	**豆奶** tāu-leng ダウ レン

紅茶	コーヒー	冬瓜茶
紅茶 âng-tê アン デ	**咖啡** ka-pi ガ ビ	**冬瓜茶** tang-koe tê ダン グェ デ

來一瓶〇〇

lái yì píng
ライ イッ ピン

紹興酒
Shào xīng jiǔ
サウ シン ジョ

台灣啤酒
Tái wān pí jiǔ
タイ ワン ピー ジョ

我要一杯〇〇

wǒ yào yì bēi
ウォ ヤウ イー ベイ

可樂
Kě lè
カーラ

酸梅湯
suān méi tāng
スァン メイ タン

豆漿
dòu jiāng
ドー ジャン

紅茶
hóng chá
ホン ツァ

咖啡
kā fēi
カー フェイ

冬瓜茶
dōng guā chá
ドン グァ チャ

北京語

台湾語 **お茶を飲む①** CD41

○○はありますか？

有○○無？
Ū - -bô
ウ   ボ

レモンティー
檸檬紅茶
le-bóng âng-tê
レモン アンデー

菊茶
菊仔茶
kiok-á tê
ギョッ ア デー

プーアル茶
臭殕茶
chhàu-phú tê
ツァウ プー デー

凍頂ウーロン茶
凍頂烏龍茶
Tàng-téng o-liông tê
ダン ディン オリョンデー

鉄観音茶
鐵觀音
Thih-koan-im
ティッ グァン イム

文山包種茶
文山包種茶
Bûn-san Pau-chéng tê
ブン サン バウジンデー

このお茶、600グラムはいくらですか？

Che 茶一斤偌儕？
Che　tê　chit　-kin　lōa-chē
ゼー　デー　ジッ　キン　ルァゼ

北京語

有〇〇嗎?
yǒu　　mā
ヨ　　　マ

檸檬 紅茶
líng méng hóng chá
ニン モン ホン ツァ

菊花茶
jú huā chá
ジュイ ファ ツァ

普洱茶
Pǔ ěr chá
プー アー ツァ

凍頂烏龍茶
Dòng dǐng wū lóng chá
ドンディンウーロンツァ

鐵觀音
Tiě guān yīn
ティェ グァン イン

文山包種茶
Wén shān bāo zhǒng chá
ウェンサンバウズォンツァ

這茶一斤多少錢?
zhè chá yì jīn duō shǎo qián
ゼ ツァ イー ジン ドォ サウ チェン

台湾語 **お茶を飲む②** CD42

お茶の入れ方を教えてください
Che 茶 beh 按怎泡?
Che　tê　beh　án-chóaⁿ phàu
ゼー　デー　ベッ　アン ツゥァン パウ

飲んでみてもいいですか？
會當 飲看覓無?
Ē -tàng　lim khòaⁿ-māi - -bô
エ ダン　リム クァン マイ ボ

どんなお茶請けがありますか？
恁有啥物會當配茶的?
Lín　ū　siáⁿ mih　ē -tàng phòe　tê- -ê
リン ウ　シャンミーッ エ　ダンプェ　デー エ

すいかのタネ
瓜子
koe-chí
グェ ジ

砂糖づけの果物
鹹酸甜
kiâm-sng-tiⁿ
ギャム スン ディン

さきイカ
魷魚絲
jiû-hî-si
ギュ ヒー シ

ピーナッツ
土豆
thô-tāu
トー ダウ

干しトーフ
豆干
tāu-koaⁿ
ダウ グァン

北京語

這茶要怎麼泡?
zhè chá yào zěn me pào
ゼー ツァ ヤウ ゼン モ パウ

可以喝看看嗎?
kě yǐ hē kàn kàn mā
カー イ ハー カン カン マ

你們有什麼樣的茶點?
nǐ men yǒu shén me yàng de chá diǎn
ニ メン ヨ セン モ ヤン ダ ツァ ディェン

瓜子
guā zǐ
グァズ

蜜餞
mì jiàn
ミ ジェン

魷魚絲
yóu yú sī
ヨー ユィス

花生
huā shēng
ファ セン

豆乾
dòu gān
ドーガン

台湾語 **お茶を飲む ③** (CD43)

このお茶は○○です

Che 茶真○○
Che tê chin
ゼー デー ジン

甘い	苦い	香りがいい
甘	**苦**	**芳**
kam	khó͘	phang
ガム	コー	パン

味はどうですか？

味按怎？
Bī án -chóaⁿ
ビー アン ツァン

おいしい	おいしくない	まあまあ
Chiâⁿ好飲	**無好飲**	**Bē-bái**
Chiâⁿ hó lim	Bô-hó lim	ベー バイ
ジャン ホーリム	ボ ホー リム	

もう一杯	もういい	飲み過ぎた
擱一杯	**有夠 a**	**飲 siuⁿ 儕 a**
Koh chit-poe	Ū-kàu - -a	Lim siuⁿ chē - -a
ゴッ ジッ ブェ	ウ ガウ ア	リム シウン ゼー ア

北京語

這茶很○
zhě chá hěn
ゼー ツァ ヘン

| 甜 tián ティェン | 苦 kǔ クー | 香 xiāng シャン |

味道怎麼樣?
wèi dào zěn me yàng
ウェー ダウ ゼン モ ヤン

| 好喝 hǎo hē ハウ ハー | 不好喝 bù hǎo hē ブ ハウ ハー | 還好 hái hǎo ハイ ハウ |

| 再一杯 zài yì bēi ザイ イ ベイ | 夠了 gòu le ゴウ ラ | 喝太多了 hē tài duō le ハー タイ ドォ ラ |

台湾語 **デザート・果物①** CD44

デザートは○○があります

甜料有○○
Tiⁿ-liāu ū
ディン リャウ ウ

豆花♡
プルプル タピオカ

オーギョージ	仙草ゼリー	豆腐プリン
愛玉	**仙草**	**豆花**
ò-giô	sian-chháu	tāu-hoe
アイ ギョ	シェン ツァウ	ダウ フェ

うぐいす豆スープ	アンニントーフ	台湾式タピオカ
綠豆仔湯	**杏仁豆腐**	**粉圓**
lėk-tāu-á thng	hēng-jîn-tāu-hū	hún-îⁿ
レッ ダウ ア テン	ヒン ジン ダウ フ	フン イン

はとむぎ	アイスクリーム	果物
薏仁	**冰糕**	**果子**
ì-jîn	peng-ko	kóe-chí
イー ジン	ベン ゴ	グェ ジ

ケーキ	米でできたメンのデザート
雞卵糕	**米篩目**
ke-nn̄g-ko	bí-thai-bȧk
ゲ レン ゴ	ビ タイ バッ

甜點有〇〇

tián diǎn yǒu
ティェン ディェン ヨー

愛玉 ài yù アイ ユィ	仙草 xiān cǎo シェン ツァウ	豆花 dòu huā ドォ ファ
綠豆湯 lǜ dòu tāng ルィ ドォ タン	杏仁豆腐 xìng rén dòu fǔ シン レン ドォ フー	粉圓 fěn yuán フェン ユェン
薏仁 yì rén イー レン	冰淇淋 bīng qí lín ビン チー リン	水果 shuǐ guǒ スェ グォ
蛋糕 dàn gāo ダン ガウ		米苔目 mǐ tái mù ミー タイ ムー

台湾語 **デザート・果物②** (CD45)

台湾は果物が豊富な国です

台灣是果子王國

Tâi -ôan sī kóe -chí ông -kok
タイ ワン シ グェ ジ オン ゴッ

マンゴ **檨仔** sōaiⁿ-á スァイン ア	パパイア **木瓜** bȯk-koe ボッ グェ	レンブ **蓮霧** lián-bū レン ブ
オレンジ **柳丁** liú-teng リュウ ディン	ライチ **荔枝** nāi-chi ナイ ジ	リュウガン **龍眼** lêng-géng レン ゲン
スターフルーツ **楊桃** iûⁿ-thô イウン ドー	グアバ **菝仔** pȧt-á バッ ア	パイナップル **王梨** ông-lâi オン ライ
りんご **蘋果** phōng-kó ポン ゴ	すいか **西瓜** si-koe シ グェ	バナナ **芎蕉** kin-chio ギン ジョ

台灣是水果王國

tái wān shì shuǐ guǒ wáng guó
タイ ワン ス　スェ グォ ワン グォ

芒果 máng guǒ マン グォ	木瓜 mù guā ムー グァ	蓮霧 lián wù リェン ウー
柳丁 liǔ dīng リョ ディン	荔枝 lì zhī リー ズー	龍眼 lóng yǎn ロン イェン
楊桃 yáng táo ヤン タウ	芭樂 bā lè バー ラー	鳳梨 fèng lí フォン リー
蘋果 píng guǒ ピン グォ	西瓜 xī guā シー グァ	香蕉 xiāng jiāo シャン ジャウ

台湾語　**時①**　CD46

今日は何曜日？

今仔日拜幾?
Kin -á -jit pài -kúi
ギンアジッバイグイ

○曜日

1週間

拜○
Pài
バイ

月	火	水	木	金	土	日
一	二	三	四	五	六	禮拜
it	jī	saⁿ	sì	gō͘	la̍k	Lé-pài
イッ	ジ	サン	シ	ゴ	ラッ	レイ バイ

先週	今週	来週
頂禮拜	這禮拜	後禮拜
Téng lé-pài	Chit lé-pài	Āu lé-pài
ディン レイ バイ	ジッ レイ バイ	アウ レイ バイ

今、何月？

這碼是幾月?
Chit -má sī kúi- -goeh
ジッ マ シ ギウィ グェッ

正月	2月	3月	4月	5月	6月
Chiaⁿ--goeh	Jī--goeh	Saⁿ--goeh	Sì--goeh	Gō͘--goeh	La̍k--goeh
ジャングェッ	ジ グェッ	サングェッ	シ グェッ	ゴ グェッ	ラッ グェッ

7月	8月	9月	10月	11月	12月
Chhit--goeh	Peh--goeh	Káu--goeh	Cha̍p--goeh	Cha̍p-it--goeh	Cha̍p-jī--goeh
チ グェッ	ペッ グェッ	ガウ グェッ	ザップ グェッ	ザップ イッ グェッ	ザップ ジ グェッ

台湾語では「1月」は通常「正月」と言います

北京語

今天星期幾?
jīn tiān xīng qí jǐ
ジン ティェン シン チ ジ

星期〇
xīng qí
シン チ

日曜日の場合「星期日」とも言います

一	二	三	四	五	六	天
yī	èr	sān	sì	wǔ	liù	tiān
イ	アル	サ	ス	ウ	リョ	ティェン

上星期	這星期	下星期
shàng xīng qí	zhè xīng qí	xià xīng qí
サン シン チ	ゼー シン チ	シャ シン チ

現在是幾月?
xiàn zài shì jǐ yuè
シェン ザイ ス ジ ユェ

1月	2月	3月	4月	5月	6月
yí yùd	èr yuè	sān yuè	sì yuè	wǔ yuè	liù yuè
イ ユェ	アル ユェ	サン ユェ	ス ユェ	ウ ユェ	リョ ユェ

7月	8月	9月	10月	11月	12月
qī yuè	bā yuè	jiǔ yuè	shí yuè	shíyīyuè	shí èr yuè
チ ユェ	バ ユェ	ジョ ユェ	ス ユェ	ス イ ユェ	ス アル ユェ

台湾語 時②

せんげつ	こんげつ	らいげつ
頂個月	**這個月**	**後個月**
Téng-kò-goe̍h	Chit-kò-goe̍h	Āu-kò-goe̍h
ディン ゴ グェッ	ジッ ゴ グェッ	アウ ゴ グェッ

きょねん	ことし	らいねん
舊年	**今年**	**明年**
Kū-nî	Kin-nî	Mê-nî
グ ニ	ギン ニ	メ ニ

はる	なつ	あき	ふゆ
春天	**熱天**	**秋天**	**寒天**
Chhun-thiⁿ	Joa̍h-thiⁿ	Chhiu-thiⁿ	Kôaⁿ-thiⁿ
ツゥン ティン	ルアッ ティン	チゥ ティン	グァン ティン

おととい	きのう	きょう	あした	あさって
Cho̍h 日	**昨昏**	**今仔日**	**明仔載**	**後日**
Cho̍h--jit	Cha-hng	Kin-á-jit	Bîn-á-chài	Āu--jit
ゾッジッ	ザン	ギンアジッ	ビンアザイ	アウジッ

なんにちかん	なんしゅうかん
幾工?	**幾禮拜?**
Kúi kang	Kúi lé-pài
グィ ガン	グィ レ バイ

なんかげつかん	なんねん
幾個月?	**幾冬?**
Kúi kò goe̍h	Kúi tang
グィ ゴ グェッ	グィ ダン

北京語

上個月 shàng ge yuè サン ガ ユェ	這個月 zhè ge yuè ゼー ガ ユェ	下個月 xià ge yuè シャ ガ ユェ
去年 qù nián チュィ ニェン	今年 jīn nián ジン ニェン	明年 míng nián ミン ニェン

春天 chūn tiān ツゥン ティェン	夏天 xià tiān シャ ティェン	秋天 qiū tiān チョ ティェン	冬天 dōng tiān ドン ティェン

前天 qián tiān チェンティェン	昨天 zuó tiān ズォ ティェン	今天 jīn tiān ジン ティェン	明天 míng tiān ミンティェン	後天 hòu tiān ホ ティェン

幾天? jǐ tiān ジ ティェン	幾個星期? jǐ ge xīng qí ジ ガ シン チ
幾個月? jǐ ge yuè ジ ガ ユェ	幾年? jǐ nián ジ ニェン

台湾語 — **数字** (CD48)

一	二	三	四	五	六	七	八	九	十
Chit	Nn̄g	Sa^n	Sì	Gō͘	La̍k	Chhit	Peh	Káu	Cha̍p
ジッ	レン	サン	シ	ゴ	ラッ	チッ	ベッ	ガウ	ザップ

十五	三十	四十一	一百	六百
Cha̍p-gō͘	Sa^n-cha̍p	Sì-cha̍p-it	Chit-pah	La̍k-pah
ザップ ゴ	サンザップ	シザップイッ	ジッバッ	ラッバッ

七千	八萬	九十萬	一百萬	二百萬
Chhit-chheng	Peh-bān	Káu-cha̍p-bān	Chit-pah-bān	Nn̄g-pah-bān
チッチン	ベッバン	ガウザップバン	ジッバッバン	レンバッバン

一百三十七	四千五百十八
Chit-pah sa^n-cha̍p-chhit	Sì-chheng gō͘-pah cha̍p-peh
ジッバッ サンザップチッ	シ チン ゴ バッ ザップ ベッ

一千二百五十三萬四千九百六十二
Chit-chheng nn̄g-pah gō͘-cha̍p-sa^n-bān sì-chheng káu-pah la̍k-cha̍p-jī
ジッ チン レン バッゴ ザップ サン バン シ チン ガウ バッ ラッザップ ジ

85%	4.25	2/3
Peh-cha̍p-gō͘ pha	Sì tiám jī-ngó͘	sa^n hun chi jī
ベッザップゴ パ	シ ディアム ジ ゴ	サン フン ジ ジ

「2」の発音			後ろを省く	
20	**200**	**2000**	**250**	**4830**
Jī-cha̍p	Nn̄g-pah	Nn̄g-chheng	Jī-á-gō͘	Sì-chheng peh-á-sa^n
ジザップ	レン バッ	レン チン	ジ ア ゴ	シ チン ベッ バッ サン

北京語

一	二	三	四	五	六	七	八	九	十
yī	ér	sǎn	sì	wǔ	liù	qī	bā	jiǔ	shí
イ	アル	サン	ス	ウ	リョ	チ	バ	ジョ	ス

十五	三十	四十一	一百	六百
shí wǔ	sān shí	sì shí yī	yì bǎi	liù bǎi
ス ウ	サン ス	ス ス イ	イ バイ	リョ バイ

七千	八萬	九十萬	一百萬	二百萬
qī qiān	bā wàn	jiǔ shí wàn	yì bǎi wàn	liǎng bǎi wàn
チ チェン	バ ワン	ジョ ス ワン	イ バイ ワン	リャン バイ ワン

一百三十七	四千五百一十八
yì bǎi sān shí qī	sì qiān wǔ bǎi yī shíbā
イ バイ サン ス チ	ス チェン ウ バイ イ スバ

一千二百五十三萬四千九百六十二
yì qiān liǎng bǎi wǔ shí sān wàn sì qiān jiǔ bǎi liù shí èr
イ チェン リャン バイ ウ サン ワン ス チェン ジョ バイ リョ ス アル

85%	4.25	2/3
bā shí wǔ pā	sì diǎn èr wǔ	sān fēn zhī èr
バ ス ウ パ	ス ディェン アル ウ	サン フェン ズ アル

「2」の発音			後ろを省く	
20	200	2000	250	4830
èr shí	liǎng bǎi	liǎng qiān	liǎng bǎi wǔ	sì qiān bā bǎi sān
アルス	リャンバイ	リャンチェン	リャン バイウ	ス チェン バ バイ サン

トラブル・困り事 ①

台湾語　CD49

○○をなくしてしまいました

我○○拍見 a
Góa　　phah -kìⁿ --a
グァ　　パッ ギン ア

パスポート
護照
hō-chiàu
ホ ジャウ

財布
錢袋仔
chîⁿ-tē-á
ジン デー ア

かぎ
鎖匙
só-sî
ソー シー

荷物
行李
hêng-lí
ヒン リー

飛行機の切符
機票
ki-phiò
ギー ピョ

迷子になってしまいました

我尋無路 a
Góa chhōe bô　lō--a
グァ ツゥエ ボ　ロ ア

外国の保険は使えますか？

國外的保險在 chia 敢會當用?
Kok -gōa ê　pó -hiám tī　　chia　kám　ē -tàng　ēng
ゴッ　グァ エ　ボーヒャム ディ　ジャー　ガム　エ ダン　ヨン

北京語

我〇〇弄丟了
wǒ　　　　nòng diū le
ウォ　　　　ノン デョ ラ

護照
hù zhào
フー ザウ

錢包
qián bāo
チェン バウ

鑰匙
yào shi
ヤウ スー

行李
xíng li
シン リー

機票
jī piào
ジー ピャウ

我迷路了
wǒ　mí　lù　le
ウォ ミー ルー ラ

這裡可以接受國外的保險嗎?
zhè　lǐ　kě　yǐ　jiē　shòu　guó　wài　de　bǎo　xiǎn　mā
ゼー リー カー イ ジェ ソウ グォ ワイ ダ バウ シェン マ

台湾語 トラブル・困り事② (CD50)

冷房が効きすぎました

冷氣 siuⁿ 冷 a

Léng-khì siuⁿ léng --a
リン キ シウン リン ア

ふとんをもう一枚ください

加 hō 我一領被

Ke hō góa chit mniá phōe
ゲ ホ グァ ジッ ニャ プェ

○○がないです

無○○ a

bô --a
ボー ア

お湯	水	トイレットペーパー
燒水	水	衛生紙
sio-chúi	chúi	ōe-seng-chóa
ショズィ	ズィ	ウェ シェン ズァ

○○をしたいです

我 beh ○○

Góa beh
グァ ベッ

部屋をチェンジ	国際電話をかける
換房間	打國際電話
ōaⁿ pâng-keng	khà kok-chè tiān-ōe
ウァン バン ギン	カー ゴッ ゼ ディェン ウェ

北京語

冷氣太冷了
lěng qì tài lěng le
レン チー タイ レン ラ

多給我一條棉被
duō gěi wǒ yì tiáo mián bèi
ドォ ゲイ ウォ イ ティアゥ ミェン ベイ

沒有○○了
méi yǒu　　le
メイ ヨ　　ラ

熱水	水	衛生紙
rè shuǐ	shuǐ	wèi shēng zhǐ
ラー スェ	スェイ	ウェイ センズ

我要○○
wǒ yào
ウォ ヤウ

たのもー

換房間	打國際電話
huàn fáng jiān	dǎ guó jì diàn huà
ファン ファン ジェン	ダ グォ ジー ディェン ファ

台湾語

病気の時

気持ち悪いです

我人無爽快
Góa lâng bô sóng-khòai
グァ ラン ボ ソン クァイ

腹痛	歯痛	便秘
腹肚疼	**嘴歯疼**	**便秘**
Pak-tớ thiàⁿ	Chhùi-khí thiàⁿ	Piān-pì
バッ トォ ティアン	ツゥィ キー ティアン	ベン ビ

下痢	頭痛	胃痛
漏屎	**頭殼疼**	**胃疼**
Làu-sái	Thâu-khak thiàⁿ	Ūi thiàⁿ
ラウ サイ	タウ カッ ティアン	ウィ ティアン

のどが痛い	熱がある	鼻水
嚨喉疼	**發燒**	**流鼻水**
Nâ-âu thiàⁿ	Hoat-sio	Lâu phīⁿ-chúi
ナ アウ ティアン	ファッ ショー	ラウ ピン ズイ

吐きそう	かぜ	めまい
想 beh 吐	**感冒**	**頭暈**
Siūⁿ beh thờ	Kám-mō̇	Thâu hîn
シウン ベッ トー	ガム モー	タウ ヒン

北京語

我不舒服
wǒ bù shū fú
ウォ ブ スゥ フー

肚子痛	牙痛	便秘
dù zi tòng	yá tòng	biàn mì
ドゥズ トン	ヤー トン	ビェン ミー

拉肚子	頭痛	胃痛
lā dù zi	tóu tòng	wèi tòng
ラ ドゥズ	トォ トン	ウェー トン

喉嚨痛	發燒	流鼻水
hóu lóng tòng	fā shāo	liú bí shuǐ
ホー ロン トン	ファ サウ	リョー ビー スェ

想吐	感冒	頭暈
xiǎng tù	gǎn mào	tóu yūn
シャン トゥ	ガン マウ	トゥ ユイン

台湾語 **緊急事態** CD52

救急車を呼んでください

緊叫救護車
Kín kiò kiù -hō -chhia
ギン ギォ ギゥ ホーチャー

クスリがほしいです

我 beh 食藥仔
Góa beh chiah ioh -á
グァ ベッ ジャッ ヨッ ア

病院に行きたいです

我想 beh 去病院
Góa siūⁿ beh khì pēⁿ -īⁿ
グァ シゥン ベッ キー ベン イン

この番号に電話してください

Kā 我 tàu 打這個號碼
Kā góa tàu khà chit-ê hō -bé
ガ グァ ダウ カー ジッ レ ホー ベー

旅行会社

旅行社
Lú-hêng-siā
ル ヒン シャー

交流協会

交流協會
Kau-liû hiap-hōe
ガウ リュ ヒャップ フェ

北京語

快叫救護車
kuài jiào jiù hù chē
クァイ ジャオ ジョー フー ツァ

我要吃藥
wǒ yào chī yào
ウォ ヤウ ツーヤウ

我想去醫院
wǒ xiǎng qù yī yuàn
ウォ シャン チュイ イー ユェン

請幫我打這個號碼
qǐng bāng wǒ dǎ zhè ge hào mǎ
チン バン ウォ ダー ゼ ガー ハウ マー

旅行社	交流協會
lǚ xíng shè	Jiāo liú xié huì
リュイ シン サー	ジャウ リョー シェ フェ

台湾語

洋服を買う

CD53

デザインは〇〇のスタイルにします

我 beh〇〇的款式
Góa beh ê khóan-sit
グァ ベッ エ クァン シッ

かわいい	気品あふれる	おしとやか
古錐	kài 高尚	幼秀
kó-chui	kài ko-sióng	iù-siù
ゴー ズィ	ガイ ゴー ション	ユー シウ

〇〇を買いたいです

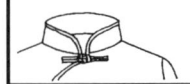

我想 beh 買〇〇
Góa siūⁿ beh bé
グァ シウン ベッ ベー

チャイナドレス	中国の靴	扇子
旗袍	古早中國的鞋仔	葵扇
kî-phâu	kó-chá Tiong-kok ê ê-á	khôe-sìⁿ
ギー パウ	ゴー ザー ディオン ゴッエエア	クェ シン

この服はキレイですね

這領衫 chiok 美的
Chit -niá saⁿ chiok súi- -ê
ジッ リャン サン ゾォッ スィ エ

北京語

我要〇〇的款式
wǒ yào　　　　de kuǎn shì
ウォ ヤウ　　　　ダ クァン スー

可愛
kě ài
カ アイ

有品味
yǒu pǐn wèi
ヨ ピン ウェ

秀氣
xiù qì
ショー チ

我想買〇〇
wǒ xiǎng mǎi
ウォ シャン マイ

旗袍
qí páo
チー パウ

中國鞋
zhōng guó xié
ゾン グォ シェ

扇子
shàn zi
サン ズ

這件衣服真漂亮
zhè jiàn　yī fú　zhēn piào liàng
ゼー ジェン イー フー ゼン ピャウ リャン

台湾語 **オーダーメイドをする** CD54

生地は○○にします

布料 beh 用○的
Pò- liāu　beh　ēng　-ê
ボーリャウ　ベッ　ヨン　エ

シルク	コットン	ウール
絲仔	棉	羊毛
si-á	mî	iûⁿ-mn̂g
シーア	ミー	ユン モン

色と模様は○○にします

色水 beh 用○的
Sek -chúi　beh　ēng　-ê
シッ ズィ　ベッ　イン　エ

明るい色	暗い色	花模様
顯	暗	花
hiáⁿ	àm	hoe
ヒャン	アム	フェ

デザインは○○にします

我 beh○○的
Góa　beh　-ê
グァ　ベッ　エー

ししゅうのあるもの	フレア	ワンピース
有繡花	圓裙	規軀
ū siù-hoe	îⁿ-kûn	kui-su
ウ シゥ フェ	イン グン	グィ スゥ

布料用〇的

bù liào yòng　　de
ブーリャウヨン　　ダ

絲	棉	羊毛
sī	mián	yáng máo
スー	ミェン	ヤン マウ

顔色和花樣用〇的

yán sè hé huā yàng yòng　　de
イェン セー ハー ファ ヤン ヨン　　ダ

亮	暗	花
liàng	àn	huā
リャン	アン	ファ

我要〇〇的

wǒ yào　　de
ウォ ヤウ　　ダ

刺繡	圓裙	套裝
cì xiù	yuán qún	tào zhuāng
ツー ショー	ユェン チュン	タウ ズァン

試着する

台湾語

試着してもいい？

會當試穿無？
Ē-tàng chhì chhēng--bô
エ ダン チー チン ボ

いいよ	だめ
會當	**Bē當**
Ē-tàng	Bē-tàng
エ ダン	ベ ダン

どう？

按怎？
Án-chóaⁿ
アン ツァン

ぴったり	似合う	いいね
抵抵好	**Chiâⁿ好看**	**Bē-bái**
Tú-tú hó	Chiâⁿ hó-khòaⁿ	ベー バイ
ドゥ ドゥ ホー	ジャン ホー クァン	

ユニークだ	ふつう	あんまり
Chiâⁿ特別	**馬馬虎虎**	**無好看**
Chiâⁿ tėk-piàt	Má-má-hu-hu	Bô hó-khòaⁿ
チャン デッ ベッ	ママ フフ	ボ ホー クァン

北京語

可不可以試穿?
kě bù kě yǐ shì chuān
カー ブ カー イ スー ツァン

可以
kě yǐ
カー イ

不可以
bù kě yǐ
ブ カー イ

怎麼樣?
zěn me yàng
ゼン モ ヤン

剛剛好
gāng gāng hǎo
ガン ガン ハウ

很好看
hěn hǎo kàn
ヘン ハウ カン

不錯
bú cuò
ブ ツォ

很特別
hěn tè bié
ヘン ター ビェ

還好
hái hǎo
ハイ ハウ

不好看
bù hǎo kàn
ブ ハウ カン

台湾語 **寸法を直す**

寸法を直したいのですが

我想 beh 改一下

Góa siū^n beh kài --chit-ē
グァ シゥン ベッ ガイ ジッレ

長すぎた	きつい	大きすぎた
Siu^{n}長 a	Siu^{n}捚 a	Siu^{n}大 a
Siu^n tńg- -a	Siu^n ân- -a	Siu^n tōa- -a
シゥン テン ア	シゥン アン ア	シゥン ドァ ア

いつできあがりますか？

啥麼時陣會當改好？

Siá^n-mih sî-chūn ē -tàng kái hó
シャ ミッ シー ズゥン エ ダン ガイ ホー

すぐ	明日	三日後
Liam-mi	明仔載	三工後
リャ ミー	Bîn-á-chài	Sa^n kang āu
	ミ ナ ザイ	サン ガン アウ

名前を入れてほしい

我想 beh 繡名

Góa siū^n beh siù miâ
グァ シゥン ベッ シゥ ミャ

北京語

我要改尺寸
wǒ yào gǎi chǐ cùn
ウォ ヤウ ガイ ツ ツゥン

太長了	太緊了	太大了
tài cháng le	tài jǐn le	tào dà le
タイ チャン ラ	タイ ジン ラ	タイ ダー ラ

什麼時候可以改好?
shén me shí hòu kě yǐ gǎi hǎo
セン モ スー ホウ カー イ ガイ ハウ

馬上	明天	三天後
mǎ shàng	míng tiān	sān tiān hòu
マ サン	ミン ティエン	サン ティエン ホー

我想要繡名字
wǒ xiǎng yào xiù míng zi
ウォ シャン ヤウ ショー ミン ズ

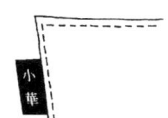

小華

台湾語 **マッサージ①** CD57

○○お願いします

我想 beh 做○○
Góa siūⁿ beh chò
グァ シウン ベッ ズォ

足裏マッサージ
腳底掠龍
kha-té liảh-lêng
カー デー リャ リン

全身マッサージ
全身軀掠龍
chôan sin-khu liảh-lêng
ズァン シン ク リャ リン

うぶ毛取り
挽面
bán-bīn
バン ビン

フルコース
規套的
kui-thò--ê
グイ トー エ

耳そうじ
摳耳仔
ngiauh hīⁿ-á
ギャウ ヒン ア

ネイル
修指甲
siu chéng-kah
シュー ジン ガッ

延長したいです

我想 beh 加一節
Góa siūⁿ beh ka chit-chiat
グァ シウン ベッ ガー ジッ ジェッ

120

我想要做〇〇

wǒ xiǎng yào zuò
ウォ シャン ヤウ ズォ

腳底按摩

jiǎo dǐ àn mó
ジャウ ディ アン モー

全身按摩

quán shēn àn mó
チュエン セン アン モー

挽面

wǎn miàn
ワン ミェン

全套

quán tào
チュエン タウ

掏耳朵

tāo ěr duō
タウ アー ドォ

修指甲

xiū zhǐ jiǎ
ショ ズー ジャ

我想加一節

wǒ xiǎng jiā yì jié
ウォ シャン ジャイ イ ジェ

台湾語 **マッサージ②** CD58

○○に効くツボを教えて

對○○有效的穴道是叨？

Tùi　　　ū -hāu ê hia̍t -tō sī toh
ドゥイ　ウ ハウ エ ヒェッ ドォ シ ドッ

二日酔い
解酒醉
kái chiú-chùi
ガイ ジュ ズイ

ダイエット
減肥
kiám-pûi
キャム プイ

便秘
便秘
piān-pì
ベン ビ

腰痛
腰疼
io thiàⁿ
ヨー ティアン

目の疲れ
目睭痠
ba̍k-chiu sng
バッ ジュ スン

肩こり
肩胛頭痠疼
keng-kah-thâu sng-thiàⁿ
ゲン ガッ タゥ スン ティアン

ここが特に痛い

我 chia 特別疼 neh

Góa　chia　te̍k -pia̍t　thiàⁿ　neh
グァ　ジャ　テッ ビェッ ティアン ネッ

北京語

對○○有效的穴道是哪裏?
nǎ　　　　yǒu xiào de xuè dào shì nǎ lǐ
ドェ　　　ヨー シャウ ダ シュェ ダウ ス ナー リ

宿醉
sù zuì
スウ ズェ

減肥
jiǎn féi
ジェン フェイ

便秘
biàn mì
ビェン ミー

腰痛
yāo tòng
ヤウ トン

眼睛疲勞
yǎn jīng pí láo
イェン ジン ピー ラウ

肩膀酸痛
jiān bǎng suān tòng
ジェン バン スヮン トン

我這裡特別痛耶
wǒ zhè lǐ tè bié tòng ye
ウォ ゼー リー ター ビェ トン イェ

台湾語 **マッサージ③**

もう少し〇〇してください

擱較〇咧

Koh -khah - -leh
ゴー カッ レッ

弱く	強く
輕	**重**
khin	tāng
キン	ダン

上に	下に
頂懸	**下腳**
téng-kôan	ē-kha
ディン グァン	エー カー

どう？

按怎？

Án-chóaⁿ
アン ツァン

気持ちいい	ちょうどいい
Chiâⁿ爽快	**抵抵好**
Chiâⁿ sóng-khòai	Tú-tú-hó
チァン ソン クァイ	ドゥ ドゥ ホー

あまり慣れてないので	痛い
無啥慣勢	**Chiok 疼的**
Bô siáⁿ kòan-sì	chiok thiàⁿ- -ê
ボ シャン グァン シー	ゾッ ティアン エ

北京語

再〇一點
zài　yì diǎn
ザイ　イ ディアン

輕 qīng チン	重 zhòng ゾン
上面 shàng miàn サン ミェン	下面 xià miàn シャー ミェン

怎麼樣?
zěn me yàng
ゼン モ ヤン

很舒服 hěn shū fú ヘン スゥ フー	剛剛好 gāng gāng hǎo ガン ガン ハウ
不太習慣 bú tài xí guàn ブ タイ シー グァン	好痛哦 hǎo tòng o ハウ トン オ

台湾語

漢方薬

CD60

○○に効く漢方薬はありますか？

有治○○的漢藥無？

Ū tī　　　　ê hàn-ioh- -bô
ウ ディー　　　エ ハン ヨッ ボ

冷え性
畏寒
ùi-kôaⁿ
ウイ グァン

高血圧
高血壓
ko hoeh-ap
ゴ フェー アップ

不眠症
失眠
sit-bîn
シッ ビン

貧血
欠血
khiàm-hoeh
キャム フェッ

胃腸病
胃腸病
ūi-tn̂g pēⁿ
ウィ テン ペン

気管症
肺管 bái
hì-kńg bái
ヒー ゲン バイ

この薬の飲み方を教えてください

Che 藥仔欲按怎食？

Che ioh -á beh án-chóaⁿ chiah
ゼー ヨッ ア ベッ アン ツァン ジャッ

三日分ください

Kā 我 kap 三工的藥仔

Kā góa kap saⁿ-kang ê ioh -á
ガー グァ カッ サン ガン エ ヨッ ア

北京語

有治〇〇的中藥嗎?
yǒu zhì　　　　de zhōng yào mā
ヨ　ズー　　　　ダ　ゾン　ヤウ　マ

手腳冰冷
shǒu jiǎo bīng lěng
ソウ ジャウ ビン レン

高血壓
gāo xuě yā
ガウ シュエ ヤ

失眠
shī mián
スー ミェン

貧血
pín xuě
ピン シュエ

腸胃病
cháng wèi bìng
ツァン ウェー ビン

氣管
qì guǎn
チー グアン

這藥要怎麼吃?
zhè yào yào zěn me chī
ゼー ヤウ ヤウ ゼン モ ツー

幫我抓三天的藥
bāng wǒ zhuā sān tiān de yào
バン ウォ ズァ サン ティェン ダ ヤウ

台湾語 **占い① ー運勢を聞く** CD61

運命をよってほしい

我 beh 算命

Góa　beh　sǹg　-miā
グァ　ベッ　セン　ミャ

手相を見てほしい

我 beh 看手相

Góa　beh　khòaⁿ chhiú-siòng
グァ　ベッ　クァン チュウ シォン

私の生年月日です

Che 是我的八字

Che　sī　góa　ê　peh　-jī
ゼー　シ　グァ　エ　ベッ　ジ

筆跡占いをしてほしい

我 beh 測字

Góa　beh　chhek-jī
グァ　ベッ　ツェッ ジ

当たっている
Chiâⁿ 準
Chiâⁿ chún
ジャン ズゥン

あまり当たっていない
無啥準
Bô siáⁿ chún
ボ シャン ズゥン

北京語

我要算命
wǒ yào suàn mìng
ウォ ヤウ スァン ミン

我要看手相
wǒ yào kàn shǒu xiàng
ウォ ヤウ カン ソォ シャン

這是我的生辰八字
zhè shì wǒ de shēng chén bā zì
ゼー ス ウォ ダ セン ツェン バ ズ

我要測字
wǒ yào cè zì
ウォ ヤウ ツァ ズ

好準
hǎo zhǔn
ハウ ズゥン

不太準
bú tài zhǔn
ブ タイ ズゥン

台湾語 **占い②―恋愛について聞く** CD62

私の王子様はいつ現れるの？
我的愛人仔啥麼時陣會出現？
Góa ê ài-jîn-á siá°-mih sî-chūn ē chhut-hiān
グァ エ アイ ジン ア シャン ミーッ シー ズゥン エ ツゥッ ヘン

もう現れたよ	もうすぐだよ	ずっと先
已經出現 a	**緊 a**	**愛擱 chiâ° 久**
Í-keng chhut-hiān--a	Kín--a	Ài koh chiâ° kú
イッギン ツゥッ ヒェンア	ギン ナ	アイ ゴッ ジャン グー

どこで出会えるかしら？
阮會在叨位抵頭？
Góan ē tī tó-ūi tú-thâu
グァン エ ディ ドォ ウィ ドゥ タゥ

台湾	日本	旅先
台灣	**日本**	**旅行的時陣**
Tâi-ôan	Ji̍t-pún	Lú-hêng ê sî-chūn
ダイ ワン	ジッ ブン	ルー ヒン エ シー ズゥン

130

北京語

我的白馬王子什麼時候會出現?
wǒ de bǎi mǎ wáng zǐ shén me shí hòu huì chū xiàn
ウォ ダ バイ マ ワンズ センモ スー ホウ フェ ツゥ シェン

已經出現了
yǐ jīng chū xiàn le
イー ジン ツゥ シェン ラ

快了
kuài le
クァイラ

很久以後
hěn jiǔ yǐ hòu
ヘン ジョー イー ホウ

我們會在哪裡遇見呢?
wǒ men huì zài nǎ lǐ yù jiàn ne
ウォ メン フェ ザイ ナー リー ユィ ジェン ナ

台灣
Tái wān
タイ ワン

日本
Rì běn
ズー ベン

旅途中
lǚ tú zhōng
リュィ トゥ ゾン

台湾語 **占い③―恋の行方を聞く** CD63

私達はうまくいくかしら？

阮兩個尾啊會按怎?

Góan nng -ê bóe --á ē án-chóa^n
グァン レン エ ブェア エ アン ツァン

うまくいく	結果が出る	別れる
攏會 chiâ^n 順利	**會有結果**	**會扯**
Lóng ē chiâ^n sūn-lī	Ē ū kiat-kó	Ē chhé
ロン エ チァン スン リー	エ ウ グッ ゴッ	エ ツェ

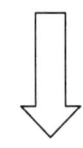

結婚できる？

會結婚無?

Ē kiat-hun- -bô
エ グッ フン ボ

はい	いいえ
會	**Bē**
Ē	ベー
エ	

なぜ？

是按怎?

Sī án-chóa^n
シ アンツァン

移り気	性格合わない	自然消滅
愛著別人	**個性 bē 合**	**沓沓仔散去**
Ài tiȯh pa̍t-lâng	Kò-sèng bē ha̍h	Ta̍uh-ta̍uh-á sòa^n--khì
アイ ディオッ パッ ラン	ゴー シン ベー ハッ	ダゥッダゥッアスァンキー

132

北京語

我們兩個會怎麼樣？
wǒ men liǎng ge huì zěn me yàng
ウォ メン リャン ガ フェ ゼン モ ヤン

很順利	有結局	會分手
hěn shùn lì	yǒu jié jú	huì fēn shǒu
ヘン スン リー	ヨ ジェー ジュイ	フェ フェン ソウ

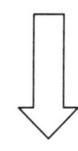

會結婚嗎？
huì jié hūn mā
フェ ジェー フン マ

會	不會
huì	bú huì
フェ	ブ フェ

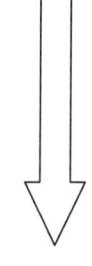

為什麼
wèi shén me
ウェー セン モ

見異思遷	個性不合	慢慢就淡了
jiàn yì sī qiān	gè xìng bù hé	màn màn jiù dàn le
ジェン イー スー チェン	ガ シン ブ ハー	マン マン ジョーダンラ

台湾語 **占い④―相手のことを聞く(1)** CD64

彼の年は？

伊幾歳？
I kúi hòe
イー ギゥイ フェ

年下	同い年	年上
比妳較少歲	**Kap 妳平歲**	**比妳較儕歲**
Pí lí khah chió-hòe	Kap lí pê^n-hòe	Pí lí khah chē-hòe
ビリ カッ ジョ フェ	ガー リー ペン フェ	ビ リー カッ ゼー フェ

カレの仕事はどう？

伊的頭路按怎？
I ê thâu-lō͘ án-chóa^n
イー エ タウ ロー アン ツァン

安定している	収入がいい	悪い
Chiâ^n 穩定	**薪水 bē bái**	**Bái--lah**
Chiâ^n ún-tēng	Sin-súi bē-bái	バイ ラッ
ジャン ウン ディン	シン スイ ベー バイ	

私たち、お似合いですか？

阮兩個有 sù 配無？
Góan nn̄g -ê ū sù -phòe- -bô
グァン レン エ ウ スゥ プェ ボ

北京語

他年齡怎麼樣?
tā nián líng zěn me yàng
ター ニェン リン ゼン モ ヤン

比妳小	和你同歲	比妳大
bǐ nǐ xiǎo	hé nǐ tóng suì	bǐ nǐ dà
ビー ニー シャウ	ハ ニ トン スェ	ビー ニー ダー

他的工作怎麼樣?
tā de gōng zuò zěn me yàng
タ ダ ゴン ズォ ゼン モ ヤン

很安定	收入不錯	很差勁
hěn ān dìng	shōu rù bú cuò	hěn chā jìn
ヘン アン ディン	ソウ ルー ブ ツォ	ヘン ツァー ジン

我們兩個人合適嗎?
wǒ men liǎng ge rén hé shì mā
ウォ メン リャン ガ レン ハー スー マ

台湾語 **占い⑤―相手のことを聞く(2)** CD65

カレはどんな人？		
伊人按怎? I lâng án-chóaⁿ イー ラン アン ツァン		
優しい **温柔** Un-jiû ウン ジュウ	頭がいい **巧** Khiáu ギャゥ	思いやりがある **體貼** Thé-thiap テー ティアップ
男らしい **有查埔氣概** Ū cha-po͘ khì-khài ウ ザ ポー キー ガイ	個性的な **有個性** Ū kò-sèng ウ ゴー シン	かっこいい **緣投** Iân-tâu エン ダウ
怠け者 **Beh 食 m̄ 討趁** Beh chiȧh m̄ thó-thàn ベッ ジャッム トォ タン	朴とつ **柴柴** Chhâ-chhâ ツアツア	浮気者 **Chiok 花的** Chiok hoe- -ê ゾォッ フェ エ

私は今悩んでいます	
我這碼 chiok 煩惱的 Góa chit-má　chiok　hôan-ló --ê グァ ジッ マ　ゾォッ　ファン ロ エ	
仕事 **頭路** Thâu-lō͘ タウ ロ	人間関係 **人際關係** Jîn-chè-koan-hē ジン ゼ グァン ヘ

他是怎麼樣的人？
tā shì zěn me yàng de rén
タ ス ゼン モ ヤン ダ レン

溫柔	聰明	體貼
wēn róu	cōng míng	tǐ tiē
ウェン ロー	ツォン ミン	ティー ティエ

有男子氣概	有個性	帥
yǒu nán zǐ qì gài	yǒu gè xìng	shuài
ヨ ナンズ チー ガイ	ヨ ガ シン	スァイ

好吃懶做	木訥	花心蘿蔔
hào chī lǎn zuò	mù nà	huā xīn luó bó
ハウ ツー ラン ズォ	ムー ナー	ファー シン ロー ボー

我現在很煩惱
wǒ xiàn zài hěn fán nǎo
ウォ シェン ザイ ヘン ファン ナウ

工作	人際關係
gōng zuò	rén jì guān xī
ゴォン ゾォ	レン ジー グァン シー

台湾語 **干支** CD66

私は○年です

我是肖○的

Góa sī siùⁿ --ê
グァ シ シウン エ

ねずみ 鼠 chhí チー	うし 牛 gû グー	とら 虎 hó́ ホ
うさぎ 兔 thò̀ トー	たつ 龍 lêng リョン	へび 蛇 chôa ズゥア
うま 馬 bé ベ	ひつじ 羊 iûⁿ イウン	さる 猴 kâu ガゥ
とり 雞 ke ゲ	いぬ 狗 káu ガゥ	いのしし 豬 ti ディ

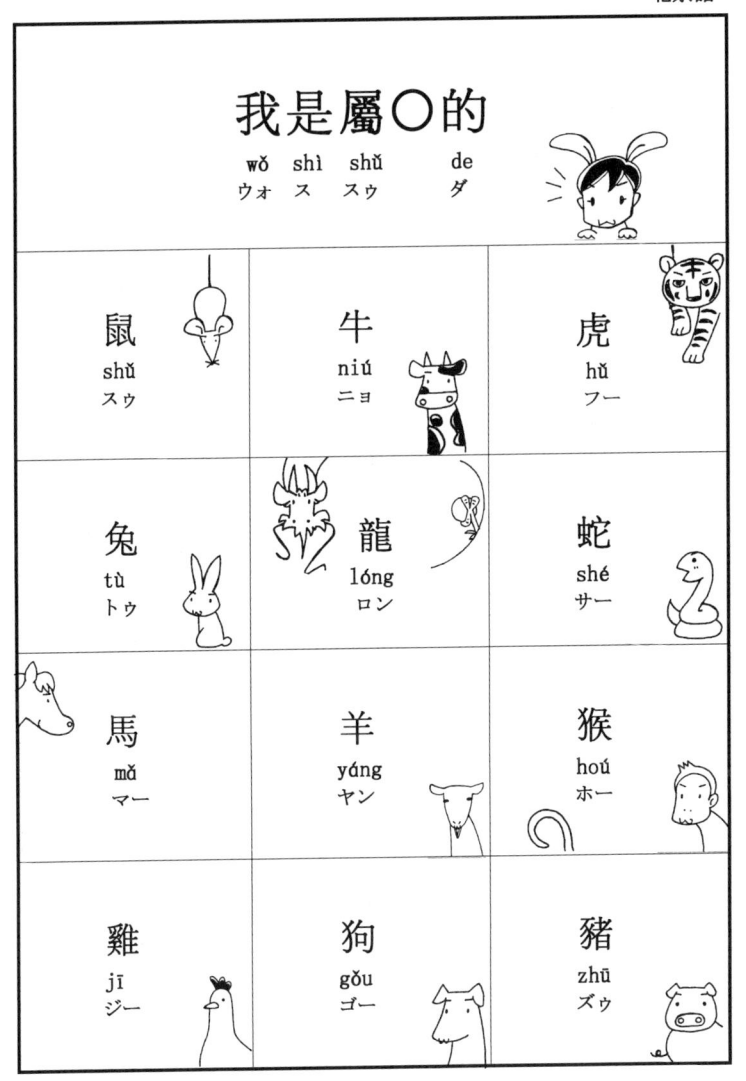

北京語

我是屬〇的
wǒ shì shǔ　de
ウォ ス スゥ　ダ

鼠 shǔ スゥ	牛 niú ニョ	虎 hǔ フー
兔 tù トゥ	龍 lóng ロン	蛇 shé サー
馬 mǎ マー	羊 yáng ヤン	猴 hóu ホー
雞 jī ジー	狗 gǒu ゴー	豬 zhū ズゥ

生き物

台湾語 / CD67

ねこ **貓** Niau ニャウ	あひる **鴨** Ah アッ	がちょう **鵝** Gô ゴ
ぞう **象** Chhiūⁿ チゥン	ライオン **獅仔** Sai-á サイ ア	はと **粉鳥仔** Hún-chiáu-á フン ジャウ ア
さかな **魚** Hî ヒ	か **蠓仔** Báng-á バン ア	はえ **胡蠅** Hô-sîn ホー シン
かえる **田蛤仔** Chhân-kap-á ツァン カッ ア	ごきぶり **蟑螂** Ka-chòah ガ ズゥアッ	みつばち **蜂** Phang パン
けむし **刺毛仔蟲** Chhì-mô-á-thâng チ モ ア タン	へび **蛇** Chôa ズゥア	ちょうちょう **尾蝶仔** Bóe-iàh-á ブェイ アッ ア
コオロギ **肚猴** Tō-kâu ド ガウ	みみず **肚蚓** Tō-ún ド ウン	ヤモリ **善蟲仔** Siān-thâng-á セン タン ア

北京語

貓 māo マウ	鴨 yā ヤ	鵝 é ア
大象 dà xiàn ダー シャン	獅子 shī zi スー ズ	鴿子 gē zi ガー ズ
魚 yú ユィ	蚊子 wén zi ウェン ズ	蒼蠅 cāng yíng チャン イン
青蛙 qīng wā チン ワー	蟑螂 zhāng láng ザン ラン	蜜蜂 mì fēng ミー フォン
毛毛蟲 máo máo chóng マウ マウ ツォン	蛇 shé サー	蝴蝶 hú dié フー ディェ
蟋蟀 xī shuài シー スァイ	蚯蚓 qiū yǐn チョー イン	壁虎 bì hǔ ビー フ

台湾語 台湾の民謡「天烏烏」 CD68

天烏烏　　　要落雨
Thiⁿ o͘-o͘　　　beh lóh-hō͘
ティンオオ　　　ベッロッホ

阿公仔　舉　鋤頭　要　掘芋
A-kong--á　giah̍　tî-thâu　beh　kut̍ ō͘
アゴンア　ギャッ　ディタウ　ベッ　グッオ

掘啊掘　　掘啊掘　　掘著一尾旋鰡鼓
Kut̍ ah̍ kut̍　kut̍ ah̍ kut̍　kut̍-tioh̍ chit-bóe soan-liû-kó͘
グッアッグッ　グッアッグッ　グッディオッ ジッ ヴェ スアン リュゴ

依喲嘿都　真正　趣味
I-ia-he-tơ　chin-chiàⁿ chhù-bī
イヤヘト　　ジン ジャン ツゥビ

阿公仔　要煮鹹
A-kong--á　beh chú kiâm
アゴンア　　ベッ ズゥ ギャム

阿媽要　煮淡
A-má beh　chú chiáⁿ
アマ ベッ　ズゥ ジャン

倆人　相打　弄破鼎
Nn̄g-lâng　sio-phah　lòng-phòa tiáⁿ
レンラン　ショパッ　ロンプァディァン

弄破鼎　　弄破鼎
Lòng-phòa tiáⁿ　lòng-phòa tiáⁿ
ロン プァ ディァン　ロン プァ ディァン

依喲嘿都　啷噹　嗟噹嗆
I-ia-he-tơ　lòng-tong-chhìn-tòng-chhiáng
イヤヘト　　ロン ドン チン ドン チャン

哇哈哈　　哇哈哈
Oah-hah-hah　oah-hah-hah
ワッハッハツ　ワッハッハツ

142

北京語

天　黑　黑　要下雨
tiān　hēi　hēi　yào xià yǔ
ティェン ヘイ ヘイ　ヤオ シャ ユイ

老 公 公 拿 鋤 頭 要 掘 芋 頭
lǎo gōng gōng ná chú tóu yào jué yú tóu
ラウ ゴン ゴン ナ ツゥ トウ ヤウ ジュェ ユイ トウ

掘　啊　掘　掘　啊　掘　掘　到　一　條　泥　鰍
jué　a　jué　jué　a　jué　jué　dào　yì　tiáo　ní　qiū
ジュェ ア ジュェ ジュェ ア ジュェ ジュェ ダウ イー ティアウ ニイ チョー

依呀嘿呦真是 有趣
yī ya hēi yōu zhēn shì yǒu qù
イ ヤ ヘ ヨ ゼン スーヨー チュイ

老公公要煮成　鹹的
lǎo gōng gōng yào zhǔ chéng xián de
ラウ ゴン ゴン ヤウ ズウ チェン シェン ダ

老婆婆要煮成淡的
lǎo pó po yào zhǔ chéng dàn de
ラウ ポ ポ ヤウ ズウ チェン ダン ダ

兩　個人打架 打破鍋子
liǎng ge rén dǎ jià dǎ pò guō zi
リャン ガ レン ダ ジャー ダ ポー グォ ズ

打破鍋子 打破鍋子
dǎ pò guō zi dǎ pò guō zi
ダ ポー グォ ズ ダ ポー グォ ズ

依呀嘿呦 唥噹鏘
yī ya hēi yōu láng dāng qiàng
イ ヤ ヘ ヨ ラン ダン チャン

哇哈哈 哇哈哈
wa hā hā wa hā hā
ワ ハ ハ　ワ ハ ハ

<日本語訳>
雲行きがあやしくなり 雨が降り出しそう
おじいさんはスキを持って芋を掘る
掘っているうちに、ドジョウが出てきた
あらら、おもしろいね
おじいさんは濃い味にしようとしたが
おばあさんは薄い味にしようとした
二人はケンカして
結局、鍋を壊してしまった
鍋を壊してしまった
(鍋が地面に落ちた音)
わはは、わはは

<説明>
　島国の台湾は多雨国家でもあります。そのため、「雨」について描写する民謡も数多くあります。そのなかでも「天烏烏」が代表格でしょう。
　「天烏烏」の発祥地は雨の日が特に多い台湾北部にある「金瓜石」と言われています。
　最初は語呂がよくて民間で流行っている口ずさみやすい韻文みたいなものだったのですが、専門家が編曲したことによって、台湾人なら誰もが知っている、台湾を代表する民謡となったのでした。
　「天烏烏」が持つ一番の特徴は、そのまま読むのも、歌うのもメロディが同じということです。
本書では読者の皆様が聞き取りやすいように、ゆっくりと伴奏なしで歌ってみました。ぜひ覚えて台湾人の友人の前で一度披露してみてはいかがでしょうか。きっとうけることと思います(＾＾)

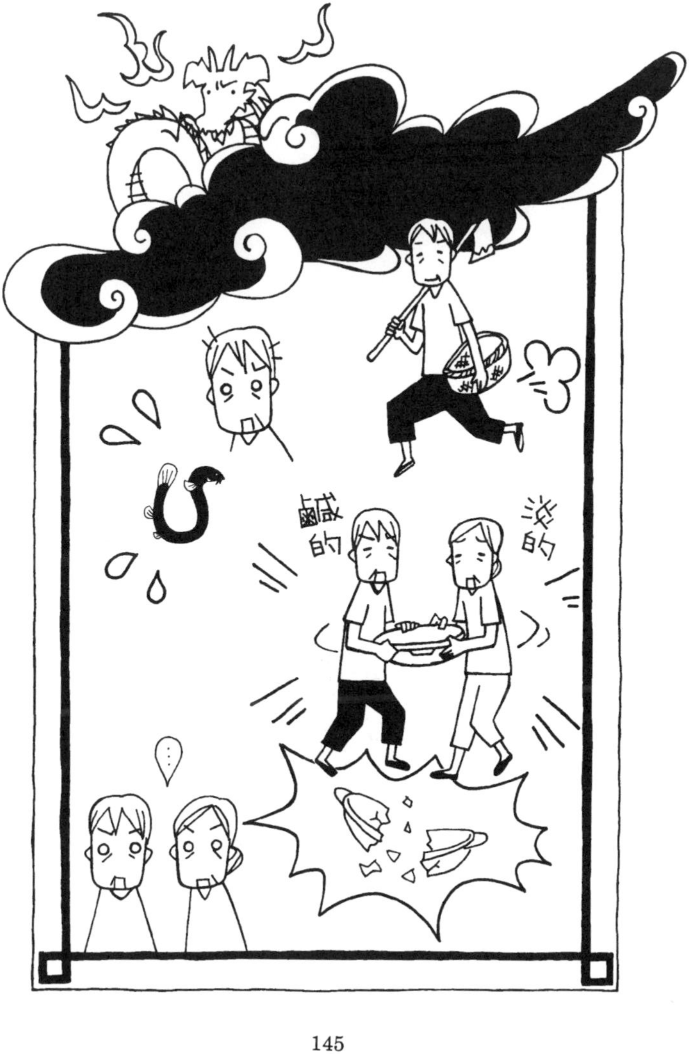
鹹的
淡的

Part 3
文法編

台湾語

人称代名詞

小華ちゃん（阿姐）

台湾語は、日本語のように、その人の性別、年齢、場所、上下関係によって、主語を変えることはありません。
つまり、男性でも女性でも、目上でも目下でも『私』の場合は「我」（グァ）になります。

単数		
あなた 你 Lí リ	私 我 Góa グァ	彼 伊 I イ
複数		
あなたたち 恁 Lín リン	私たち 阮、咱 Góan　Lán グァン　ラン	彼ら In イン

北京語

（俺）（僕）（あたし）

お父さん（阿爸） 弟（小弟） お母さん（阿母）

北京語に関しても同じです。『私』でも『ボク』でも『俺』でも「**我**」（ウォ）になります。

単数

あなた	私	彼
你	我	他
nǐ	wǒ	tā
ニ	ウォ	タ

複数

あなたたち	私たち	彼ら
你們	我們	他們
nǐmen	wǒ men	tā men
ニ メン	ウォ メン	タ メン

台湾語

<u> A </u>のお名前は何ですか？

<u> A </u>號做啥麼 名？
（という）（何）（名前）
hō -chò siáⁿ -mih miâ
ホー ゾォ シャ ミーッ ミャー

あなた	お父さん	お子さん
你	恁爸爸	恁囝
Lí	Lín pa-pa	Lín kiáⁿ
リ	リン バー バ	リン ギャン

あの人
彼個人
Hit-ê lâng
ヒッ レ ラン

彼
伊
I
イー

150

北京語

Ａ のお名前はなんですか？

___ 叫 什麼 名字？
(という) (なに) (なまえ)
jiào shén me míng zi
ジャウ サーモ ミンズ

あなた	おとうさん	おこさん
你	你爸爸	你的小孩
nǐ	nǐ bà ba	nǐ de xiǎo hái
ニー	ニー バーバ	ニ ダ シャウ ハイ

あのひと
那個人
nà ge rén
ナー ガー レン

かれ
他
tā
ター

はじめまして

えーと

なんて いったかしら て．

台湾語

指示代名詞

この
Che
ゼー

その、あの
He
ヘー

これ
這個
Chit-ê
ジッレ

それ、あれ
彼個
Hit-ê
ヒッレ

これら
Chia
ジャー

そちら、あれら
Hia
ヒャー

北京語

ちなみに中国語には『その』と『あの』の区別はありません。
『その』でも『あの』でも中国語では「那」になります。

この 這 zhè ゼー	その、あの 那 nà ナー
これ 這個 zhè ge ゼー ガ	それ、あれ 那個 nà ge ナー ガ
これら 這些 zhè xiē ゼー シェ	そちら、あれら 那些 nà xiē ナー シェ

台湾語

＿A＿はいくらですか？

＿A＿ 偌 儕 錢？
lōa -chē chîⁿ
ルァ ゼー ジィン

どのぐらい お金

「多」はほかにも「jōa」(ズゥア)、「gōa」(グァ)というふうに発音することもある。

これ Che ゼー	あれ He ヘー	全部で 攏總 Lóng-chóng ロン ゾン

| この
這
Chit
ジッ | 台
tâi
ダイ (両) | 車
chhia
チァ (車) | この車 |
| | 本
pún
プン (冊) | 册
chheh
ツェッ (本) | この本 |

北京語

_A_ はいくらですか？

どのぐらい	お金

_A_ 多少 錢?
duō shǎo qián
ドォ サウ チェン

(全部でいくらで？)

これ	あれ	全部で
這 個	那 個	總 共
zhè ge	nà ge	zǒng gòng
ゼ ガ	ナー ガ	ソン ゴン

この 這 zhè ゼ	両 台 tái タイ	車 車 chē ツァー	この車
	冊 本 běn ベン	本 書 shū スウ	この本

台湾語

場所代名詞

ちなみに中国語には『そこ』と『あそこ』の区別はありません。
『そこ』でも『あそこ』でも中国語では「**那裡**」になります。

ここ Chia ジャー	そこ、あそこ Hia ヒャー
こちら **這旁** Chit-pêng ジッ ビン	そちら、あちら **彼旁** Hit-pêng ヒッ ビン
疑問詞 どこ **叨位** Tó-ūi ドォ ウィ	疑問詞 どちら **叨一旁** Tó chit-pêng ドォ ジッ ビン

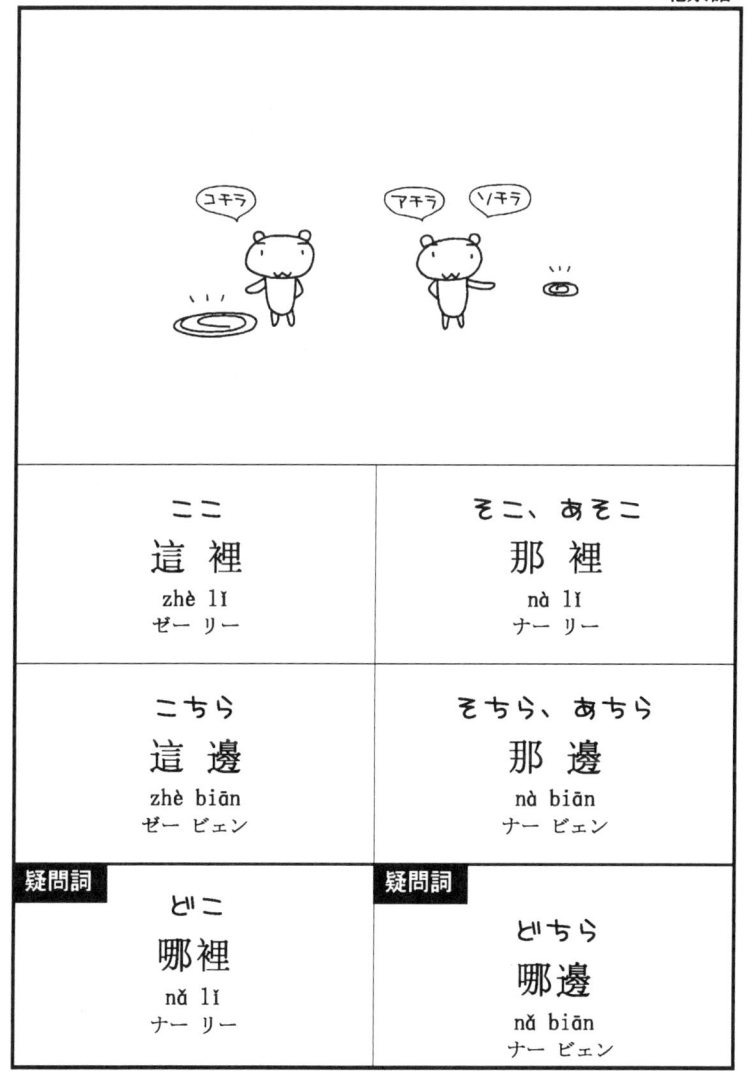

北京語

ここ 這裡 zhè lǐ ゼー リー	そこ、あそこ 那裡 nà lǐ ナー リー
こちら 這邊 zhè biān ゼー ビェン	そちら、あちら 那邊 nà biān ナー ビェン
疑問詞 どこ 哪裡 nǎ lǐ ナー リー	**疑問詞** どちら 哪邊 nǎ biān ナー ビェン

台湾語

ここは_A_です

ここ　　は〜である
Chia 是 ＋ _A_

Chia　　sī
ジャー　シ

ここ は Chia 是 Chia sī ジャー シ	市場 **菜市仔** chhài-chhī-á ツァイ チー ア	ここは市場です。
	私の家 **阮厝** góan chhù グァン ツゥ	ここは私の家です。
	疑問詞 どこ **叨**？ toh ドッ	ここはどこですか？ 註：「叨」は「toeh」（ドェ）と発音するところもあります。

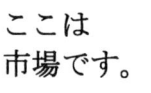

北京語

ここは A です

ここ　　　は〜である
這裡　是 ＋ A
zhè lǐ　　shì
ゼー リー　スー

ここ は 這裡 是 zhè lǐ shì ゼー リー ス	いちば 菜市場 cài shì chǎng ツァイ スー ツァン	ここは市場です。
	わたしのうち 我家 wǒ jiā ウォー ジャー	ここは 私の家です。
	疑問詞 どこ 哪裡？ nǎ lǐ ナーリー	ここはどこですか？

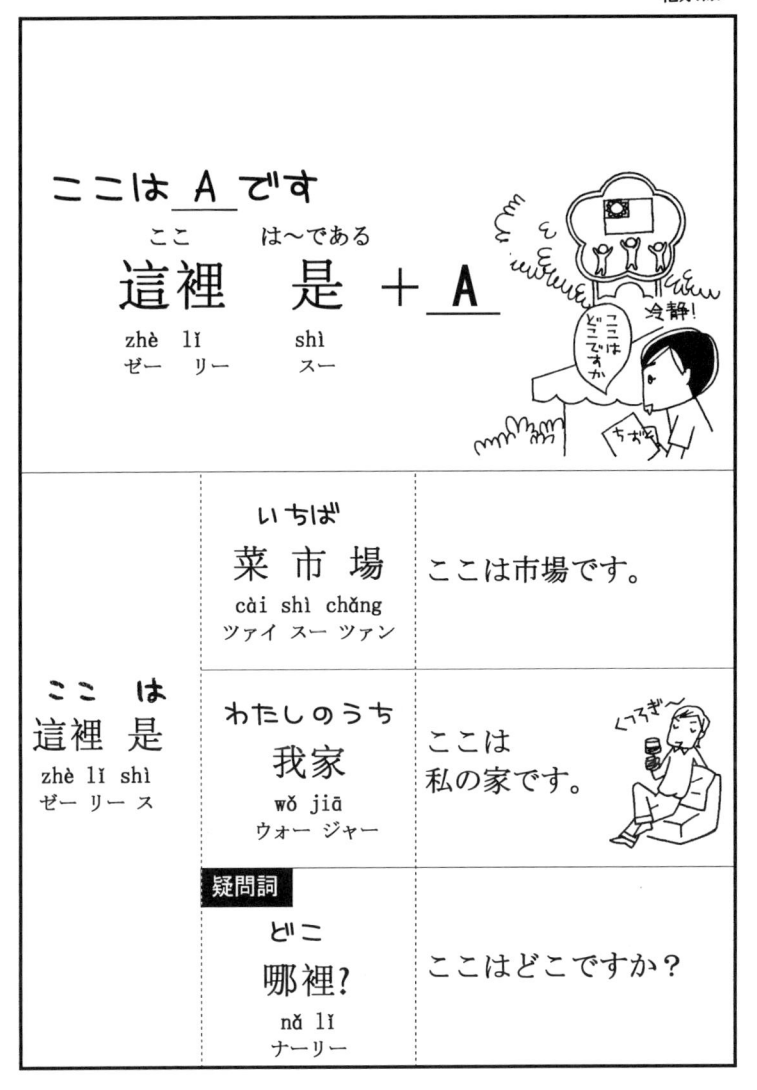

台湾語

肯定文①

私は __A__ です

<ruby>我<rt>私</rt></ruby> <ruby>是<rt>は〜である</rt></ruby> ＋ __A__

Góa　sī
グァ　シ

女	先生	日本人
查某的	**老師**	**日本人**
cha-bó--ê	lāu-su	Ji̍t-pún lâng
ザ ボー エ	ラウ スゥ	ジッ プン ラン

男	学生	台湾人
查埔的	**學生**	**台灣人**
cha-po͘--ê	ha̍k-seng	Tâi-ôan lâng
ザ ポー エ	ハッ セン	ダイ ワン ラン

サラリーマン	責任者	いい人
食頭路人	**負責人**	**好人**
chia̍h-thâu-lō͘ lâng	hū-chek-jîn	hó lâng
ジャッ タウ ロ エ ラン	フ ゼッ ジン	ホー ラン

北京語

私は_A_です

私 は〜である
我 是 ＋_A_
wǒ　shì
ウォ　シ

（学生です）

女 女的 lǚ de ニゥィ ダー	先生 老師 lǎo shī ラウ スー	日本人 日本人 Rì běn rén ズー ベン レン
男 男的 nán de ナン ダ	学生 學生 xué shēng シュェ セン	台湾人 台灣人 Tái wān rén タイ ワン レン
サラリーマン 上班族 shàng bān zú シャン バン ズゥ	責任者 負責人 fù zé rén フー ザー レン	いい人 好人 hǎo rén ハウ レン

台湾語

肯定文②

これはアイスバーです

これ	は〜である	アイスバー
Che	是	枝仔冰
Che	sī	ki -á -peng
ゼー	シー	ギ ア ビン

これは Che 是 Che sī ゼー シ	机 **桌仔** toh-á ドア	これは机です。	
	私 の **我 的** góa ê グァ エ	これは私のです。	
あれは He 是 He sī ヘ シ	帽子 **帽仔** bō-á ボー ア	あれは帽子です。	

北京語

これはアイスバーです

これ	は〜である	アイスバー
這	是	冰 棒
zhè	shì	bīng bàng
ゼー	ス	ビン バン

これは 這 是 zhè shì ゼー ス	机 桌子 zhuō zi ズォ ズ	これは机です。
	私の 我的 wǒ de ウォ ダ	これは私のです。
あれは 那 是 nà shì ナー ス	帽子 帽子 mào zi マウ ズ	あれは帽子です。

台湾語

疑問①

あなたは？

あなた は
你 咧？
Lí --leh
リー レッ

私はサボテン茶
あなたは？
—フーん
ふつうのコーヒー
かわったお店ねえ

これ **Che** ゼー		これは？
それ **He** ヒャー	は **咧？** --leh レッ	それは？
東京 **東京** Tang-kia^n ダン ギャン		東京は？

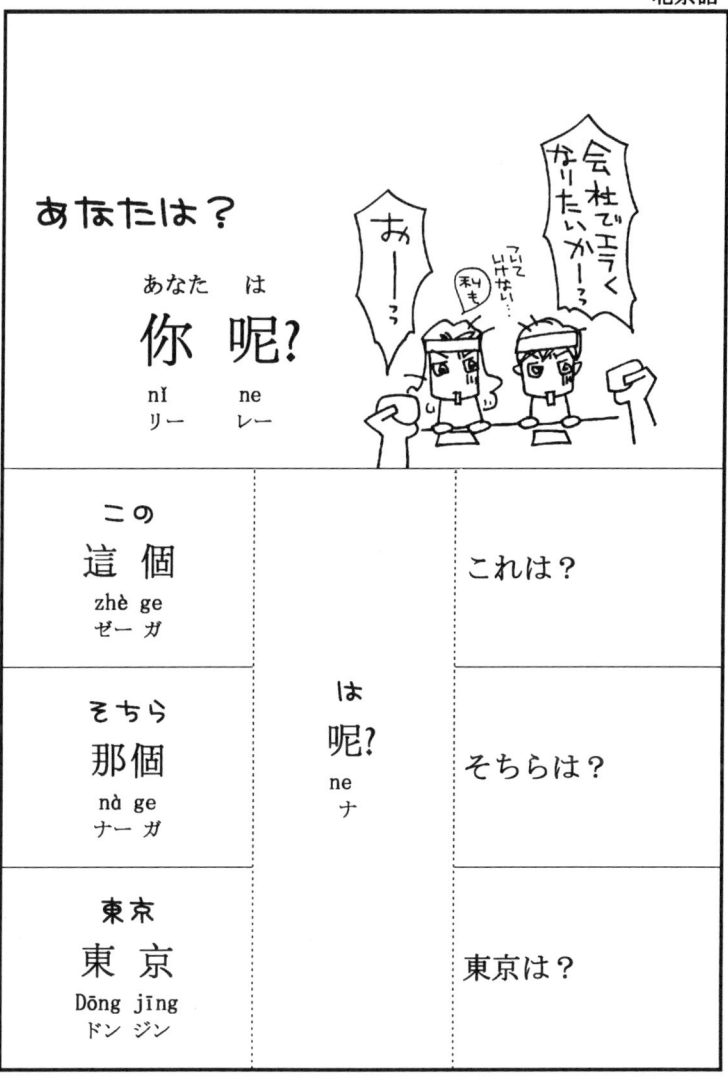

北京語

あなたは？

あなた は
你 呢?
nǐ ne
リー レー

	は 呢? ne ナ	
この **這 個** zhè ge ゼーガ		これは？
そちら **那 個** nà ge ナーガ		そちらは？
東京 **東 京** Dōng jīng ドン ジン		東京は？

台湾語

疑問②

あなたは日本人ですか？

あなた	～ですか	日本人
你	敢是	日本人？
Lí	kám sī	Jit -pún lâng
リー	ガムシ	ジップン ラン

ここ Chia ジャ		台北 台北 Tâi-pak ダイ バッ	ここは 台北ですか？
これ Che ゼー	～ですか？ 敢是 kám sī ガムシ	あなたの 你的？ lí ê リ エ	これは あなたのですか？
あれ He ヘ		くれるもの 私に beh hō 我的？ beh hō- -góa -ê ベッ ホ グァ エ	あれは私にくれる ものですか？

166

北京語

あなたは日本人ですか？

あなた　〜ですか　　日本人
你 是不是 日本人?

nǐ　shì bú shì　Rì běn rén
ニー　スー ブー スー　ズー ベン レン

ここ 這裡 zhè lǐ ゼー リ		台北 台 北 Tái běi タイ ベイ	ここは 台北ですか？
これ 這 zhè ゼー	〜ですか？ 是不是 shì bú shì ス ブ ス	あなたの 你的? nǐ de ニ ダ	これは あなたのですか？
あれ 那個 nà ge ナー ガ		くれるもの 私に 要給我的? yào gěi wǒ de ヤウ ゲイ ウォ ダ	あれは私にくれる ものですか？

167

台湾語

存在①

あります

ある
有
ū
ウ

私		お金	お金を持って
我		**錢**	います。
Góa		chîⁿ	
グァ		ジィン	
あなた	ある	カレ氏 か	カレ氏いますか？
你	**有**	**查埔朋友 無?**	
Lí	ū	cha-po͘ pêng-iú- -bô	
リ	ウ	ザ ボ ピン ユー ボ	
どこ		トイレ	どこにトイレが
叨位		**便所?**	ありますか？
Tó-ūi		piān-só͘	
ドォウィ		ベンソー	

北京語

あります

ある
有
yǒu
ヨー

私 我 wǒ ウォ		お金 錢 qián チェン	お金を持っています。
あなた 你 nǐ ニ	ある 有 yǒu ヨ	カレ氏　か 男朋友 嗎? nán péng yǒu mā ナン ペン ヨー マ	カレ氏いますか?
どこ 哪裡 nǎ lǐ ナー リー		トイレ 廁所? cè suǒ ツェー スオ	どこにトイレがありますか?

台湾語

存在 ②

自宅にいます

私	に〜いる	いえ
我	在咧	厝
Góa	tī-leh	chhù
グァ	ディ レッ	ツウ

リラックス〜♪

ちち 阮爸爸 Góan pa-pa グァン パパ		かいしゃ 公司 kong-si ゴン シー	父は 会社にいます。
えき 車頭 Chhia-thâu チァー タウ	〜に いる/ある 在咧 tī-leh ディ レッ	あそこ 遐 hia ヒャー	駅は あそこです。
あなた 你 Lí リー		どこ 叨位？ tó-ūi ドォ ウィ	どこに いますか？

170

自宅にいます

私 ～にいる 家
我 在 家
wǒ zài jiā
ウォ ザイ ジャ

父 我爸爸 wǒ bà ba ウォ ババ		会社 公司 gōng sī ゴン スー	父は 会社にいます。
駅 車站 zhē zhàn ツェ ザァン	～に いる/ある 在 zài ザイ	あそこ 那裡 nà li ナー リー	駅は あそこです。
あなた 你 nǐ ニ		どこ 哪裡？ nǎ li ナー リー	どこに いますか？

台湾語

～に住んでいる

私は日本に住んでいます

私	に住む	日本
我	住在咧	日本
Góa	tòa tī-leh	Jit-pún
グァ	ドァ ディ レッ	ジップン

台北	グランドホテル	友だちのところ
台北	圓山仔大飯店	朋友 hia
Tâi-pak	Îⁿ-soaⁿ-á tōa pñg-tiàm	pêng-iú hia
ダイ バッ	イン サン ドァ ペン ディアム	ピン ユー ヒャ

あなた		どこ	
你		叨位？	どこに住んでいるの？
Lí	に住む	tó-ūi	
リ	住在咧	ドォ ウィ	
彼	tòa tī-leh	うちの隣	
伊	ドァ ディ レッ	阮隔壁	彼はうちの隣に住んでいる
I		góan keh-piah	
イ		グァン ゲーッ ビアッ	

北京語

私は日本に住んでいます

私	に住む	日本
我	住在	日本
wǒ	zhù zài	Rì běn
ウォ	ズゥ ザイ	ズー ベン

台北	グランドホテル	友だちのところ
台北	圓山大飯店	朋友家
Tái běn	Yuán shān dà fàn diàn	péng yǒu jiā
タイ ベイ	ユェン サン ダー ファン ディェン	ペン ヨー ジャー

あなた	に住む	どこ	どこに住んでいるの？
你	住在	哪裡？	
nǐ	zhù zài	nǎ lǐ	
ニ	ズゥ ザイ	ナー リー	
彼		うちの隣	彼はうちの隣に住んでいる。
他		我家隔壁	
tā		wǒ jiā gé bì	
タ		ウォ ジャ ガー ビー	

台湾語

否定文①

私は学生ではありません

私	は〜ではない	学生
我	m̄ 是	學生
Góa	m̄ -sī	ha̍k-seng
グァ	ム シ	ハッ セン

これ Che ゼー		私の 我的 góa ê グァ エ	これは私のではありません。
私 我 Góa グァ	ではない m̄ 是 m̄ -sī ム シ	アメリカ人 米國人 Bí-kok lâng ビー ゴッ ラン	私はアメリカ人ではありません。
ここ Chia ジャー		台北 台北 Tâi-pak ダイ バッ	ここは台北ではありません。

北京語

私は学生ではありません ♪

私	は〜ではない		学生	
我	不是		學生	
wǒ	bú shì		xué shēng	
ウォ	ブー ス		シュエ セン	

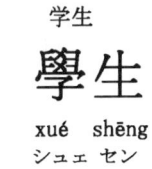

社会人3年目

これ 這 zhè ゼ		私の 我的 wǒ de ウォ ダ	これは私のではありません。
私 我 wǒ ウォ	ではない 不是 bú shì ブー ス	アメリカ人 美國人 Měiguó rén メイ グォ レン	私はアメリカ人ではありません。
ここ 這裡 zhè lǐ ゼ リ		台北 台北 Táiběi タイ ベイ	ここは台北ではありません。

175

台湾語

否定文②

私は行きません

私	～しない	行く
我	m̄	去
Góa	m̄	khì
グァ	ム	キー

(カラオケいく?)
(パス 仕事ヤバいっス)

彼		食べる	ごはん	
伊		食	飯	彼はご飯を食べません。
I		chiảh	-pn̄g	
イー		ジャッ	ペン	
彼ら	～しない	来る	大阪	
In	m̄	來	大阪	彼らは大阪に来ません。
イン	ム	lâi	O'sakha	
		ライ	オオサカ	
あなた		寝る	か	
你		睏	哦?	あなたは寝ないのですか?
Lí		khùn	oh	
リ		クン	オ	

北京語

私は行きません

私	～しない	行く
我	不	去
wǒ	bú	qù
ウォ	ブー	チュイ

(吹き出し: 合コン行こうよ / 彼女いるから行かない)

彼		食べる　ごはん	彼はご飯を食べません。
他		吃　　飯	
tā		chī　　fàn	
ター		ツー　　ファン	

彼ら	～しない	来る　大阪	彼らは大阪に来ません。
他們	不	來　大阪	
tā mén	bù/bú	lái　Dà bǎn	
ター メン	ブ	ライ　ダー バン	

あなた		寝る　か	あなたは寝ないのですか？
你		睡　嗎?	
nǐ		shuì　mā	
ニ		スェ　マ	

台湾語

過去形

ご飯を食べました

私	食べる	～ました
我	食	a
Góa	chiah	--a
グァ	キー	ア

私 **我** Góa グァ	買う **買** bé ベー		--a ア	買いました。
	わかる **知** chai ザイ			わかりました。
彼 **伊** I イー	出かける **出去** chhut--khì ツゥッ キー			彼は 出かけました。

178

北京語

ご飯を食べました

私	食べる	～ました
我	吃	了
wǒ	chī	le
ウォ	ツー	ラ

ねーちゃん ごはん 食べた？

食べたョ

	買う 買 mǎi マイ			買いました。
私 我 wǒ ウォ	わかる 知道 zhī dào ズー ダウ		了 le ラ	わかりました。
彼 他 tā ター	出かける 出 去 chū qù ツゥ チュイ			彼は 出かけました。

台湾語

経験

台湾に行ったことがある

私	行ったことがある		台湾
我	有去	過	台湾
Góa	ū	khì	kòe	Tâi-ôan
グァ	ウ	キー	グェ	ダイ ワン

ごはんおいしーね

		動詞			
私 我 Góa グァ	ある 有 ū ウ	食べる 食 chiàh ジャッ	～た 過 kòe グェ	刺身 沙西米 sasimi さしみ	刺身を食べたことがある。
		運転する 駛 sái サイ		車 車 chhia チャー	車を運転したことがある。
あなた 你 Lí リ		飼う 飼 chhī チー		ネコ か 貓仔無? niau-á--bô ニャウ ア ボ	ネコを飼ったことある?

北京語

台湾に行ったことがある

私	行ったことがある	台湾
我	去 過	台灣
wǒ	qù guò	Tái wān
ウォ	チュイ グォ	タイ ワン

私 我 wǒ ウォ	食べる 吃 chī ツー	～た 過 guò グォ	刺身 生魚片 shēng yú piàn セン ユィピェン	刺身を食べたことがある。
	運転する 開 kāi カイ		車 車 chē ツァ	車を運転したことがある。
あなた 你 nǐ ニ	飼う 養 yǎng ヤン		ネコ か 貓 嗎? māo ma マウ マ	ネコを飼ったことある？

台湾語

程度

大きすぎた

すぎる	大きい	過去形
Siu^n	大	a
Siu^n	tōa	--a
シウン	ドァ	ア

すぎる Siu^n シウン	高い **貴** kùi グィ		高すぎ。
	遅い **晩** òa^n ウァン	〜過去形 --a ア	(時間が) 遅すぎ。
	遅い **慢** bān バン		(動きが) 遅すぎ。

北京語

大きすぎた

すぎる	大きい	過去形
太	大	了
tài	dà	le
タイ	ダー	ラ

すぎる			
	高い 貴 guì グェイ		高すぎ。
太 tài タイ	遅い 晩 wǎn ウァン	～過去形 了 le ラ	(時間が) 遅すぎ。
	遅い 慢 màn バン		(動きが) 遅すぎ。

183

台湾語

願望・意欲

私は臭豆腐を食べられません

私	～られない	食べる	臭豆腐
我	m̄ 敢	食	臭豆腐
Góa	m̄-káⁿ	chia̍h	chhàu-tāu-hū
グァ	ム ガン	ジャッ	ツァウ ダウ フー

私	～られない	見る ホラー	ホラー映画を見られません。
我		看 鬼仔片	
Góa	m̄ 敢	khòaⁿ kúi-á phìⁿ	
グァ	m̄-káⁿ / ム ガン	クァン グイ ア ピン	
彼		座る 飛行機	飛行機に乗れません。
伊		坐 飛龍機	
I		chē hui-lêng-ki	
イー		ゼ フェ レン ギー	
私	次から	しない	もう二度としません。
我	後擺	m̄ 敢--a	
Góa	āu-pái	m̄-káⁿ--a	
グァ	アウ パイ	ム ガン ア	

私は臭豆腐を食べられません

私	～られない	食べる	臭豆腐
我	不敢	吃	臭豆腐
wǒ	bù gǎn	chī	chòu dòu fǔ
ウォ	ブー ガン	ツー	ツォー ドォ フー

私 我 wǒ ウォ	～られない 不敢 bù gǎn ブ ガン	見る ホラー 看 恐怖電影 kàn kǒng bù diàn yǐng カンコンブーディェンイン	ホラー映画を見られません。
彼 他 tā ター		座る　　飛行機 坐　　　飛機 zuò　　fēi jī ズォ　　フェ ジー	飛行機に乗れません。
私 我 wǒ ウォ	次から 下次 xià cì シャーツ	しない 不敢了 bù gǎn le ブ ガンラ	もう二度としません。

台湾語

能力

私は泳げます

私	～できる	泳ぐ
我	會曉	泅水
Góa	ē -hiáu	siû-chúi
グァ	エ ヒャウ	シゥ ズイ

ジャーン!
水泳大会
第1位

私		運転する	私は運転
我		駛車	できます。
Góa	～できる	sái-chhia	
グァ	會曉	サイ チャー	
彼	ē-hiáu	話す　英語	彼は英語を
伊	エ ヒャウ	講　英語	話せます。
I		kóng　Eng-gí	
イ-		ゴン　エン ギー	

あなた	～できる	パソコンを使う	か	パソコンを
你	會曉	打電腦	bē?	使えますか？
Lí	ē-hiáu	phah tiān-ná	--bē	
リ	エ ヒャ	パ ディエン ナウ	ベー	

186

北京語

私は泳げます

私　〜できる　泳ぐ
我　會　游泳
wǒ　huì　yóng yǒng
ウォ　フェ　ヨー ヨン

私	〜できる	運転する	私は運転
我 wǒ ウォ	會 huì フェ	開車 kāi chē カイ ツァー	できます。
彼 他 tā ター		話す　英語 説　英語 shuō　yīng yǔ スォ　イン ユイ	彼は英語を 話せます。

あなた 〜できる パソコンを使う か	パソコンを
你　會　打電腦　　嗎? nǐ　huì　dǎ diàn nǎo　ma ニ　フェ　ダー ディェン ナゥ　マ	使えますか？

台湾語

許可

タバコ吸ってもいいですか？

私	～していい	タバコを吸う	か
我	會使	食薰	bē ?
Góa	ē -sái	chiáh-hun	--bē
グァ	エ サイ	ジャッ フン	ベ

		入る か **入來--bē ?** jip--lâi -bē ジップ ライ ベ	入っても いいですか？
私 **我** Góa グァ	していい **會使** ē-sái エ サイ		
彼 **伊** I イー		一緒に 行く か **做夥 去 bē ?** chò-hóe khì --bē ゾォ フェ キー ベ	彼も一緒に行っ ていいですか？

あなた	～してはいけない	お酒を飲む	
你	bē 使	飲酒	お酒を飲んでは
Lí	bē sái	lim chiú	いけません。
リ	ベ サイ	リム ジュ	

北京語

タバコ吸ってもいいですか？

私	～していい	タバコを吸う	か
我	可以	抽煙	嗎?
wǒ	kě yǐ	chōu yān	mā
ウォ	カ イ	ツォ イェン	マ

私 我 wǒ ウォ	していい 可以 kě yǐ カイ	入る か 進來 嗎? jìn lái　mā ジンライ　マ		入っても いいですか？
彼 他 tā ター		一緒に 行く か 一起 去 嗎? yì qǐ　qù mā イーチー チュイ マ		彼も一緒に行っ ていいですか？
あなた 你 nǐ ニ	～してはいけない 不可以 bù kě yǐ ブ カイ	お酒を飲む 喝酒 hē jiǔ ハージョ		お酒を飲んでは いけません。

台湾語

好き

あなたが好きです

私 ～が好きだ あなた
我 甲意 你
Góa kah -ì --lí
グァ ガー イー リー

私 **我** Góa グァ	～が 好き **甲意** kah-ì ガー イー	歌う 歌 **唱 歌** chhiùⁿ-koa チョン グァ	歌を歌うのが 好きです。
		見る 映画 **看 電影** khòaⁿ tiān-iáⁿ クァン デェンヤン	映画を見るのが 好きです。
ここ **你** Lí リ		何 **啥物?** síaⁿ mih シャ ミーッ	あなたは何が 好きですか？

あなたが好きです

私　〜が好きだ　あなた
我 喜歡 你
wǒ　xǐ huān　nǐ
ウォ　シー ファン　ニー

私 我 wǒ ウォ	〜が好き 喜歡 xǐ huān シー ファン	歌う　歌 唱　歌 chàng　gē ツァン　ガー	歌を歌うのが好きです。
		見る　映画 看　電影 kàn　diàn yǐng カン　ディェン イン	映画を見るのが好きです。
ここ 你 nǐ ニ		何 什麽? shén me センモ	あなたは何が好きですか？

北京語

台湾語

嫌い

雨が嫌いです

私	～が嫌いだ	降る	雨
我	討厭	落	雨
Góa	thó-ià	lóh	-hõ
グァ	トゥ ヤー	ローッ	ホー

私	～が嫌い		
我 Góa グァ	討厭 thó-ià トゥ ヤー	読む 本 讀 册 tha̍k -chheh タッ ツェーッ	勉強が嫌いです。
		うそ 白 賊 pe̍h-chha̍t ベー ツァッ	うそが嫌いです。
あなた 你 Lí リ		何 啥物？ síaⁿ mih シャン ミーッ	あなたは何が嫌いですか？

192

北京語

雨が嫌いです

私	～が嫌いだ	降る	雨
我	討厭	下	雨
wǒ	tǎo yàn	xià	yǔ
ウォ	タウ イェン	シャー	ユイ

私	～が嫌い		
我 wǒ ウォ	討厭 tǎo yàn タウ イェン	読む 本 唸 書 niàn shū ニェン スウ	勉強が嫌いです。
		うそ 説 謊 shuō huǎng スォ ファン	うそが嫌いです。
あなた 你 nǐ ニ		何 什麼? shén me センモ	あなたは何が嫌いですか？

193

台湾語

～するのが得意

かれは喋るのが得意

かれ	～がうまい		しゃべる
伊	chiâⁿ	gâu	講話
I	chiâⁿ	gâu	kóng-ōe
イー	ジャン	ガウ	ゴン ウェ

わたし 我 Góa グァ		うたう うた 唱　歌 chhiùⁿ -koa チゥン　グァ	唄を歌うのが得意です。
かれ 伊 I イー	～がとくい chiâⁿ gâu ジャン ガウ	うそ 白　賊 pe̍h-chha̍t ベッ ツァッ	彼は嘘をつくのが得意です。
		よむ ほん 讀　冊 tha̍k -chheh タッ　ツェーッ	彼は勉強が得意です。

194

北京語

彼はしゃべるのが得意

<ruby>彼</ruby> <ruby>〜がうまい</ruby> <ruby>しゃべる</ruby>
他 很會 説話
tā　　hěn huì　　shuō huà
ター　ヘン フェ　スォ ファ

私 我 wǒ ウォ	～が 得意 很會 hěn huì ヘン フェ	歌う　歌 唱　　歌 chàng　　gē ツァン　　ガ	歌を歌うのが 得意です。
彼 他 tā ター		つく　うそ 説　　謊 shuō　huǎng スォ　ファン	彼はうそをつくのが 得意です。
		読む　本 唸　　書 niàn　shū ニェン　スウ	彼は勉強が得意です。

台湾語

～しなくてもいい

(あなたは)行かなくてもいいよ

あなた	～しなくていい	行く
你	m̄免	去
Lí	m̄-bián	khì
リー	ム ベン	キー

あなた	～しなくていい		
你 Lí リ	m̄免 m̄-bián ム ベン	心配する 煩　惱 hôan -ló ファン ロー	心配しなくてもいいです。
		会社に行く　か 上班　　　哦? siōng-pan　oh ション バン　オッ	会社に行かなくてもいいですか?
私 我 Góa グァ		兵隊に行く 做　兵 chò -peng ゾォ　ビン	私は兵隊に行かなくてもいいです。

(あなたは)行かなくてもいいよ

あなた	〜しなくていい	行く
你	不用	去
nǐ	bú yòng	qù
ニ	プー ヨン	チュイ

まって!!

あなた 你 nǐ ニ	〜しなくていい 不用 bú yòng プー ヨン	心配する 煩惱 fán nǎo ファン ナウ	心配しなくてもいいです。
		会社に行く か 上 班 哦? shàng bān o シャン バン オ	会社に行かなくてもいいですか?
私 我 wǒ ウォ		兵隊に行く 當 兵 dāng bīng ダン ビン	私は兵隊に行かなくてもいいです。

台湾語

～しなくてはならない

あなたは行かなければならない

あなた	～しなくてはならない	行く
你	著愛	去
Lí	tio̍h-ài	khì
リー	ディオッ アイ	キー

	～しなくていい		
あなた 你 Lí ニ	著愛 tio̍h-ài ディオッアイ	ダイエットする 減肥 kiám-pûi ギャム プィ	(あなたは) ダイエットしなければなりません。
私たち 咱 Lán ラン		がんばる 拍拚 phah-piàn パーッ ピャン	(私たちは) がんばらなければなりません。
		帰る もう 來轉--a lâi tńg --a ライ デン ア	(私たちは) もう帰らなければなりません。

198

北京語

あなたは行かなければならない

あなた　〜しなくてはならない　行く

你　　要　　去
nǐ　　yào　　qù
ニー　ヤウ　チュイ

あなた 你 nǐ ニ	〜しなくてはならない 要 yào ヤウ	ダイエットする 減肥 jiǎn féi ジェン フェ	(あなたは) ダイエットしなければなりません。
私たち 我們 wǒ mén ウォ メン		がんばる 努力 nǔ lì ヌ リー	(私たちは) がんばらなければなりません。
		帰る　もう 回去　了 huí qù　le フェ チュイ ラ	(私たちは) もう帰らなければなりません。

台湾語

～してみる

食べてみて

たべる　～してみる

食　看覓　咧！

Chiàh　khòaⁿ-māi　--leh
ジャッ　クァン マイ　レッ

ためす **試** Chhì チー		やってみて！
のる **騎** Khiâ キャー	～してみる **看覓　咧！** khòaⁿ-māi--leh クァン マイ レッ	（自転車などに） 乗ってみて！
きく **問** Mn̄g モン		聞いてみて！

200

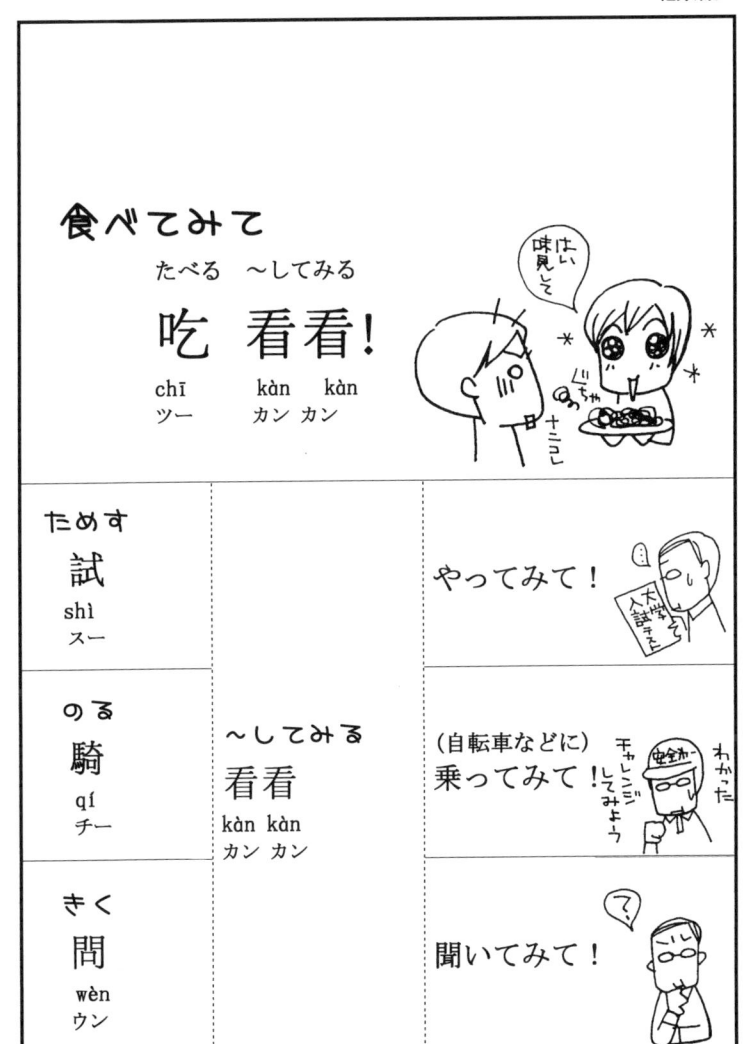

北京語

食べてみて
たべる　〜してみる
吃 看看！
chī　kàn　kàn
ツー　カン　カン

たべる 試 shì スー		やってみて！
のる 騎 qí チー	〜してみる 看看 kàn kàn カン カン	（自転車などに）乗ってみて！
きく 問 wèn ウン		聞いてみて！

台湾語

比較形 ①

大きいほう

ひかくてきに おおきい
較 大
Khah　tōa
カッ　ドゥア

ひかくてきに 較 Khah カッ	たかい 貴 kùi グィ	高いほう。
	やすい 俗 sio̍k シオッ	安いほう。
	いい 好 hó ホー	いいほう。

北京語

大きいほう

比較的に 大きい
比較 大
bǐ jiào dà
ビ ジャウ ダー

比較的に **比較** bǐ jiào ビ ジャウ	高い **貴** guì グェ	高いほう。
	安い **便宜** pián yí ピェン イー	安いほう。
	いい **好** hǎo ハウ	いいほう。

台湾語

比較形 ②

さらに大きい

さらに	おおきい
擱較	大
Koh-khah	tōa
ゴッ カッ	ドア

	たかい 貴 kùi グィ	さらに高い。
さらに 擱較 Koh-khah ゴッ カッ	やすい 俗 siȯk シォッ	さらに安い。
	いい 好 hó ホー	なおいい。

204

北京語

さらに大きい

さらに 大きい
更 大
gèng dà
ゲン ダー

さらに **更** gèng ゲン	高い **貴** guì グェ	さらに高い。
	安い **便宜** pián yí ピェン イー	さらに安い。
	いい **好** hǎo ハウ	なおいい。

205

台湾語

禁止

さわるなよ!

～な　さわる　よ
Mài 摸 啦!
Mài　bong- -lah
マイ　ボン　ラッ

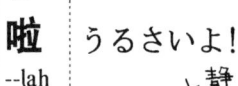

痴漢!!

さっ さわらないでよ

するな Mài マイ	怒る **siūⁿ氣** siūⁿ khì シゥン キー	よ **啦** --lah ラッ	怒るなよ!
	うるさい **吵** chhá ツァー		うるさいよ! 静かにしてよっ
	このように **按呢** án-ne アン ネー		やめてよ!

北京語

さわるなよ！

~な　さわる　よ
不要　摸　啦！
bú yào　mō　la
ブー ヤウ　ムォ　ラ

するな 不要 bú yào ブー ヤウ	怒る 生氣 shēng qì セン チー		怒るなよ！
	うるさい 吵 chǎo ツァウ	よ 啦 la ラ	うるさいよ！
	このように 這樣 zhè yàng ゼー ヤン		やめてよ！

台湾語

命令

飲め!

飲む　（命令形）
飲　啦!
Lim　--lah
リム　ラ

離れる **閃** Siám シャム		どけ!
早くする **緊** Kín ギン	よ **啦** --lah ラッ	早くしろ!
するな **Mài** マイ		やめろ!

北京語

飲め！
のむ （命令形）
喝 啦！
hē a
ハー ア

離れる **走開** zǒu kāi ズォ カイ	よ **啦** la ラ	どけ！
早くする **快點** kuài diǎn クァイ ディァン		早くしろ！
するな **不要** bú yào ブ ヤウ		やめろ！

台湾語

現在進行形

ご飯を食べています

私	〜している	ご飯を食べる
我	在	食飯
Góa	teh	chiah-pn̄g
グァ	デッ	ジャッペン

私 我 Góa グァ	している 在 teh デッ	見る テレビ 看 電視 khòa^n tiān-sī クァン デンシ	テレビを見ている。
		話す 電話 講 電話 kóng tiān-ōe ゴン デンウェ	電話をしている。
あなた 你 Lí リ		する 何 創 啥? chhòng siá^n ツォン サン	何やってるの？

北京語

ご飯を食べています
私　〜している　ご飯を食べる
我 在 吃飯
wǒ　zài　　chī　fàn
ウォ　ザイ　　ツー　ファン

しあわせ〜

私 我 wǒ ウォ	している 在 zài ザイ	見る　テレビ 看　電視 kàn　diàn shì カン　ディエンス	テレビを見ている。
		話す　電話 講　電話 jiǎng　diàn huà ジャン　ディエンフア	電話をしている。
あなた 你 nǐ ニ		する　何 做　什麼? suò shén me ツゥォ センモ	何やってるの？

台湾語

～をください

これをください

くださり	私に	これ
Hō	我	這個
Hō	góa	chit -ê
ホ	グァ	ジッレ

ください Hō ホ	私 我 góa グァ	二つ 兩個 nn̄g-ê レン エ	二つください。
		お金 錢 chîⁿ ジィン	お金をください。
	あなた 你 lí リ	100元 一百箍 chit-pah kho͘ ジッ バーッ コー	（あなたに）１００元あげます。

北京語

これをください

ください	私に	これ
給	我	這個
gěi	wǒ	zhè ge
ゲイ	ウォ	ゼー ガ

ください			
ください 給 gěi ゲイ	私 我 wǒ ウォ	二つ 兩 個 liǎng ge リャン ガ	二つください。
		お金 錢 qián チェン	お金をください。
	あなた 你 nǐ ニ	100元 一百塊 yì bǎi kuài イ バイ クァイ	（あなたに） １００元あげます。

台湾語

受け身

殴られました

～られる　ひとに　なぐる（過去形）
Hō 人 打 a
Hō　　lâng　　phah　　--a
ホ　　ラン　　パッ　　ア

～られる Hō ホ	私 我 góa グァ	使ってしまった 開了 a khai liáu--a カイ リャウ ア	（お金を全部） 使ってしまった。 直訳：（お金は）私に使われてしまった。
	彼 伊 i リ	見られちゃった 看著 a khòaⁿ--tio̍h -a クァン ディオッ ア	（彼に） 見られちゃった。
		食べられちゃった 食去 a chia̍h--khì -a ジャッ キー ア	（彼に） 食べられちゃった。

214

北京語

殴られました

~られる　ひとに　なぐる　（過去形）
被　人　打　了
bèi　rén　dǎ　le
ベイ　レン　ダー　ラ

~られる 被 bèi ホ	私 我 wǒ ウォ	使ってしまった 花完　了 huā wán　le ファ ワン　ラ	（お金を全部） 使ってしまった。
	彼 他 tā タ	見られちゃった 看到　了 kàn dào　le カン ダウ　ラ	（彼に） 見られちゃった。
		食べられちゃった 吃掉　了 chī diào　le ツー ディァウ ラ	（彼に） 食べられちゃった。

台湾語

使役形

行かせてください

くださ い	私に	行く
Hō͘	我	去
Hō͘	góa	khì
ホ	グァ	キー

くださ い	私		
Hō͘ ホ	我 góa グァ	寝る よ 睏 啦 khùn --lah クン ラッ	寝かせてよ。
		見る ちょっと よ 看 一下 啦 khòaⁿ --chit-ē -lah クァン ジッレ ラッ	ちょっと見せてよ。
	あなた 你 lí リ	散財する ～した 破費 a phò-hùi --a ポーフィ ア	お金使わせちゃって(悪いね)。

北京語

行かせてください

くださん	私に	行く
讓	我	去
ràng	wǒ	qù
ラン	ウォ	チュイ

大丈夫!!

くださん 讓 ràng ラン	私 我 wǒ ウォ	寝る よ 睡 啦 shuì la スゥェ ラ	寝かせてよ。
		見る ちょっと よ 看 一下 啦 kàn yí xià la カン イ シャー ラ	ちょっと 見せてよ。
	あなた 你 nǐ ニ	散財する ～した 破費 了 pò fèi le ポーフェ ラ	お金使わせちゃって(悪いね)。

台湾語

～しながら

テレビを見ながら勉強する

～しながら	テレビを見る	～しながら	勉強する
Ná	**看電視**	**ná**	**讀册**
Ná ナ	khòaⁿ tiān-sī クァン デン シー	ná ナ	thák-chheh タッ ツェッ

しながら **Ná** ナ	食事する **食飯** chiáh-pīng ジャッペン	しながら **ná** ナ	話す **講話** kóng-ōe ゴン ウェ	食事しながら、 話す。
	泣く **哭** khàu カウ		笑う **笑** chhiò チョー	泣きながら、 笑う。
	歩く **行** kiâⁿ ギァン		食べる **食** chiáh ジャッ	歩きながら、 食べる。

北京語

テレビを見ながら勉強する

～しながら テレビを見る　～しながら　勉強する
邊 看電視 邊 讀書
biān kàn diàn shì　biān dú shū
ビェン カン ディェン スー　ビェン ドゥ スウ

しながら 邊 biān ビェン	食事する 吃飯 chī fàn ツー ファン	しながら 邊 biān ビェン	話す 講話 jiǎng huà ジャン ファ	食事しながら、 話す。
	泣く 哭 kū クー		笑う 笑 xiào シャウ	泣きながら、 笑う。
	歩く 走 zǒu ゾォー		食べる 吃 chī ツー	歩きながら、 食べる。

台湾語

ますます

雨がますます降り出した

雨	ます	降る	ます	ひどい
雨	愈	落	愈	大
Hō	lú	lȯh	lú	tōa
ホー	ルー	ローッ	ルー	ドゥア

ます		ます		
	勉強する 讀 thak タッ		興味がある 有趣味 ū chhù-bī ウ ツゥ ビー	勉強すればするほど興味がわく。
愈 Lú ルー	考える 想 siūⁿ シゥン	愈 lú ルー	おかしい 愛笑 ài chhiò アイ チョー	考えれば考えるほどおかしくなる。
	食べる 食 chiȧh ジャッ		よく食べる 愛食 ài chiȧh アイ ジャッ	食べれば食べるほどおいしくなる。

雨がますます降り出した

雨　ます　降る　ます　ひどい
雨 越 下 越 大
yǔ　　yuè　　xià　　yuè　dà
ユイ　　ユェ　　シャ　　ユェ　ダー

ます 越 yuè ユェ	勉強する 唸 niàn ニェン	ます 越 yuè ユェ	興味がある 有興趣 yǒu xìng qù ヨ シン チュイ	勉強すればするほど興味がわく。
	考える 想 xiǎo シャン		おかしい 好笑 hǎo xiào ハウ シャウ	考えれば考えるほどおかしくなる。
	食べる 吃 chī ツー		よく食べる 好吃 hǎo chī ハウ ツー	食べれば食べるほどおいしくなる。

台湾語

一番〜

一番頭がいい

一番　頭いい
上　巧
Siōng　khiáu
シォン　キャウ

一番 **上** Siōng シォン	うまくできる **gâu** ガウ	一番できる。
	いい **好** hó ホー	一番いい。
	まじめ **認真** jīn-chin ジン ジン	一番まじめ。

北京語

一番頭がいい

一番　頭いい
最　聰明
zuì　cōng míng
ズウェ　ツォン ミン

一番 **最** zuì ズウェ	うまくできる **會** huì フェ	一番できる。
	いい **好** hǎo ハウ	一番いい。
	まじめ **認真** rèn zhēn レン ゼン	一番まじめ。

223

台湾語

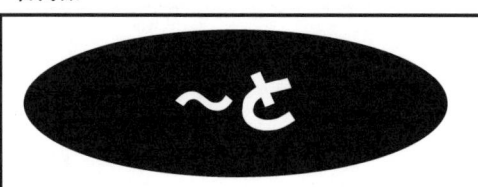

～と

私は貴方と行きます

私	と	あなた	行く
我	kap	你	去
Góa	kap	lí	khì
グァ	ガッ	リー	キー

	ダンスする **跳舞** thiàu-bú ティァウ ブー	一緒に ダンスします。
わたしとあなた 我 kap 你 Góa kap lí グァ ガッ リー	相談する **参詳** chham-siông ツァム ション	貴方と相談します。
	行く 山登り **去 爬山** khì peh-soaⁿ キー ベーッスァン	一緒に 山登りします。

北京語

私はあなたと行きます

私	と	あなた	行く
我	和	你	去
wǒ	hàn	nǐ	qù
ウォ	ハン	ニ	チュイ

私 と あなた 我 和 你 wǒ hàn nǐ ウォ ハン ニ	ダンスする 跳 舞 tiào wù ティァウ ウー	一緒に ダンスします。
	相談する 商 量 shāng liáng サン リャン	あなたに相談します。
	行く 山登り 去 爬山 qù pá shān チュイ パー サン	一緒に 山登りします。

台湾語

いずれも～

いずれも好き

いずれも 好き
攏 mā 愛
Lóng mā ài
ロン マー アイ

いずれも **攏 mā** Lóng mā ロン マー	いい **好** hó ホー	いずれもいいよ。
	正しい **著** tiȯh ディオッ	いずれも正しいよ。
	ある **有** ū ウ	どちらもあるよ。

北京語

いずれも好き

| いずれも
都
dōu
ドウ | 好き
喜歡
xǐ huān
シー フアン | みんなかわいい |

	いい **好** hǎo ハウ	いずれもいいよ。
いずれも **都** dōu ドウ	正しい **對** duì ドェ	いずれも正しいよ。
	ある **有** yǒu ヨ	どちらもあるよ。

台湾語

全部の〜

体全体

全体	量詞	ひと
規	個	人
Kui	-ê	lâng
グィ	エ	ラン

全体	量詞		
全体 規 Kui グィ	領 niá ニャン	ふく 衫 sa^n サン	服全体
	間 keng ギン	へや 房間 pâng-keng バン ギン	部屋全体
	本 pún プン	ほん 冊 chheh ツェッ	本全体

北京語

体全体

全体	(量詞)	人
整	個	人
zhěng	ge	rén
ゼン	ガ	レン

全体	量詞		
		服	
	件	衣服	服全体
	jiàn	yī fú	
	ジェン	イー フー	
整		部屋	
zhěng	間	房間	部屋全体
ゼン	jiān	fáng jiān	
	ジェン	ファン ジェン	
		本	
	本	書	本全体
	běn	shū	
	ベン	スゥ	

台湾語

あまり〜ない

あまりきれいじゃない

あまり〜ない	きれい
無啥	美
Bô siáⁿ	súi
ボ シャン	スィ

あまり〜ない		
	気持ちいい **爽快** sóng-khòai ソン クァイ	ちょっと気分が悪い。
無啥 Bô siáⁿ ボ シャン	いい **好** hó ホー	あまり良くない。
	わかる **知** chai ザイン	あまりわからない。

北京語

あまりきれいじゃない

あまり〜ない	きれい
不太	漂亮
bú tài	piào liàng
ブー タイ	ピャウ リャン

(イメチェン失敗)

あまり〜ない		
	気持ちいい 舒服 shū fú スゥ フー	ちょっと気分が悪い。
不太 bú tài ブー タイ	いい 好 hǎo ハウ	あまり良くない。
	わかる 知道 zhī dào ズー ダウ	あまりわからない。

台湾語独特の表現

台湾語

～すぎる

おしゃべり

多い **話**
厚　話
Kāu　ōe
ガウ　ウェ

多い 厚 Kāu ガウ	かお **面皮** bīn-phôe ビン プェ	厚かましい。
	マナー **禮數** lé-sò͘ レイ ソォ	礼儀周到である。
	か **蠓** báng マン	蚊が多い。

おしゃべり

話　多い
話　很多
huà　hěn　duō
ファ　ヘン　ドォ

厚い　つら **厚　臉皮** hòu　liǎn pí ホウ　リェン　ピ	厚かましい。
マナー　多い **禮節　多** lǐ jié　duō リー ジェ　ドゥオ	礼儀周到である。
か　多い **蚊子　多** wén zi　duō ウェン ズ　ドゥオ	蚊が多い。

台湾語独特の表現

台湾語

疑問

本当にそうなの？

ほんとうに　このように
敢　　**按呢?**
Kám　　án-ne
ガム　　アンネ

ほんとうに		
敢 Kám ガム	いい **好?** hó ホー	本当にいいの？
	いる **欲?** beh ベッ	本当にいる？
	正しい **tio̍h?** ディオッ	合ってる？

234

北京語

本当にそうなの？

本当に　　このように　　か
真的是 這樣 嗎?
zhēn de shì　zhè yàng　ma
ゼンダス　　ゼーヤン　マ

本当に　　いい　か 真的　　好　嗎? zhēn de　　hǎo　mā ゼンダ　　ハウ　マ	本当にいいの？
本当に　　いる　か 真的　　要　嗎? zhēn de　　yào　mā ゼンダ　　ヤウ　マ	本当にいる？
本当に　　正しい　か 真的　　對　嗎? zhēn de　　duì　mā ゼンダ　　ドェ　マ	合ってる？

台湾語独特の表現

台湾語

適当に～

なんとかやってるよ

罔	做	罔	做
Bóng	chò	bóng	chò
モン	ゾォ	モン	ゾォ
なんとか	やっている	なんとか	やっている

適当に		適当に		
	歩く 行 kiâⁿ ギャン		歩く 行 kiâⁿ ギャン	適当に歩いている。
罔 Bóng モン	見る 看 khòaⁿ クァン	罔 bóng モン	見る 看 khòaⁿ クァン	適当に見ている。
	食べる 食 chiah̍ ジャッ		食べる 食 chiah̍ ジャッ	なんとか食べられる。

北京語

【例文】
A：我厭煩了現在的工作,想換工作。
　（もう今の仕事に飽きた、とらばーゆしたい）
B：別傻了,現在工作不好找,將就做著吧。
　（そんな贅沢なことを言わないで、就職難だから、なんとかしてやっといたほうがいいよ）

なんとかやってるよ

なんとか **やっている**
將就　　做著
jiāng jiù　　zuò　zhe
ジャン ジョ　　ゾォ　ザー

適当に 隨便 suí biàn スェ ビェン	歩く 走走 zǒu zǒu ゾォ ゾォ	適当に歩いている。
	見る 看看 kàn kàn カン カン	適当に見ている。
なんとか 將就 jiāng jiù ジャン ジョ	食べる 吃著 chī zhe ツー ゼ	なんとか食べられる。

◆付録◆

台湾で台湾語の勉強ができるところを紹介致します。
(閲覧するのに中国語フォントが必要です)

●李江卻台湾語文教基金会
www.tgb.org.tw
陳豐惠先生が幹事長を務めている台湾語研究財団です。
台湾語のレッスンの質が高いとの評価です。
ホームページは台湾語表記です。

●台湾師範大学
www.ntnu.edu.tw
国立台湾師範大学の中国語トレーニングセンターは、台湾語のみならず、北京語のカリキュラムも充実。
老舗です。

●台湾大学文学院語学センター
www.ccms.ntu.edu.tw
台湾の東大と言われている台湾大学ですが、新たに台湾語レッスンを開設したようです。詳しいことはメールか電話で問合せるといいでしょう。

●中華語文研習所
www.tli.com.tw
歴史が長くて、個人レッスンが盛りだくさんです。

●救國団
www.cyc.org.tw

●YMCA(台湾キリスト教青年会協会)
www.ymca.org.tw

■著者略歴
趙　怡華（Chao Yihua）
亜細亜大学国際関係学部卒。東京外国語大学院修士課程修了。韓国延世大学校語学堂、アメリカ EWU、スペインなどに短期語学留学を終えて、北京語・台湾語講師を経て、現在は中国語・台湾語通訳人。通訳業の傍ら、音楽、放送、マンガなど多様な翻訳作業に携わっている。

■監修者略歴
陳　豊惠（Tân Hong-hūi）
現在、台湾にて財団法人李江卻台湾語文教基金会幹事長、台湾神学院台湾語非常勤講師、社団法人台湾ローマ字協会常務理事、台湾母語教育学会幹事などを務める。

■イラストレーター
たかおかおり

本の内容に関するお問い合わせ
明日香出版社　編集部
電話(03) 5395-7651

CD BOOK　絵でわかる台湾語会話

2006年7月31日　初版発行	著　者	趙　　怡華
2019年6月21日　第15刷発行	監修者	陳　　豊惠
	発行者	石　野　栄　一

明日香出版社

〒112-0005 東京都文京区水道 2-11-5
電話(03) 5395-7650（代表）
(03) 5395-7654（FAX）
郵便振替 00150-6-183481
http://www.asuka-g.co.jp

■スタッフ■
編集　小林勝／久松圭祐／古川創一／藤田知子／田中裕也
営業　渡辺久夫／浜田充弘／奥本達哉／横尾一樹／関山美保子／藤本さやか　**財務**　早川朋子

印刷　株式会社平河工業社
製本　根本製本株式会社
ISBN 4-7569-0991-4　C2087

本書のコピー、スキャン、デジタル化等の無断複製は著作権法上で禁じられています。
乱丁本・落丁本はお取り替え致します。
©Chao Yihua 2006 Printed in Japan
編集担当　石塚幸子

CD BOOK ドイツ語会話フレーズブック

岩井 千佳子
アンゲリカ・フォーゲル

日常生活で役立つドイツ語の会話フレーズを2900収録。状況別に、よく使う会話表現を掲載。海外赴任・留学・旅行・出張で役立つ表現も掲載。カードに添える言葉、若者言葉なども紹介しています。

本体価格 2900 円＋税　B6変型　〈400ページ〉　2006/02 発行　4-7569-0955-8

CD BOOK 韓国語会話フレーズブック

李 明姫

日常生活で役立つ韓国語の会話フレーズを2900収録。状況別・場面別に、よく使う会話表現を掲載。近年、韓国を訪れる日本人が増えています。海外赴任・留学・旅行・出張で役立つ表現も掲載。あらゆるシーンに対応できる、会話表現集の決定版！

本体価格 2800 円＋税　B6変型　〈464ページ〉　2005/06 発行　978-4-7569-0887-2

CD BOOK 台湾語会話フレーズブック

趙怡華：著
陳豐惠：監修

好評既刊『はじめての台湾語』の著者が書いた、日常会話フレーズ集です。シンプルで実用的なフレーズを場面別・状況別にまとめました。前作と同様、台湾の公用語と現地語（親しい人同士）の両方の表現を掲載しています。様々なシーンで役立ちます。CD3枚付き。

本体価格 2900 円＋税　B6変型　〈424ページ〉　2010/06 発行　978-4-7569-1391-3